天

Borderless

下

博稽古今 融汇天下

|天
Borderless
|下

Du Contrat Social

社会契约论

|畅享版|

[法]卢　梭　著
高　咏　译

法律出版社 LAW PRESS·CHINA
——北京——

译者序

《社会契约论》是发表于1762年的一部重要哲学著作，被认为是政治哲学和社会契约理论的经典之作。

作者让·雅克·卢梭是法国十八世纪著名的启蒙思想家、哲学家、文学家和教育家，是民主政论家和浪漫主义文学流派的开创者，被誉为启蒙运动的重要代表人物。卢梭是社会契约理论的奠基人，是民主政治和个体自由的倡导者，其思想对政治、社会和教育等领域产生了深远的影响。

《社会契约论》的核心思想是社会契约的理念。本书开篇就探讨了社会契约的概念和起源。

卢梭指出:“人生而自由,却处处受枷锁束缚。”他的意思是,有权势的人往往会凭借手中的权力压迫他人,这是他在上一本书《论人类不平等的起源和基础》中得出的结论。《论人类不平等的起源和基础》分析的视角是产权和政治制度是如何形成的,而《社会契约论》则从理论上探讨了国家应如何构建才能使其统治具有合法性。卢梭认为,自由和自我保护是所有其他权利的基础。因此,任何人都不能合法地承诺“绝对服从”任何其他人或机构。卢梭总结道,所有合法的权威都必须建立在契约的基础上。推而广之,社会只有在人们自由决定加入时才是合法的,所以一个国家的真正权威来自公民达成的协议或社会契约。也就是说,人们同意用所有人的集体力量来保护每个成员的人身和财产,以此来形成社会或政治体。他们要履行公民义务,遵守他们作为一个群体共同选择的法律,同时,他们也会得到社会的保护。因此,国家成员同时具有两种身份:他们既是制定法律的公民,又是遵守法律的臣民。由于每个人都可以参与政治决策过程,因此没有人会因为同意社会契约而放弃自己的自由。而且,公民是作为一个群体而不是作为个人来追求自由的。在这一过程中,他们也发展和提升了自己的理性和道德能力,因为社会给予了他们所需的安全和合法产权,使他们能够追求更复杂的目标,而这在自然状态下是不可能实现的。卢梭的结论是,社会契约用社会的“道德和法律平等”取代了“自然的物质不平等”。

在《社会契约论》中,卢梭提出了两个重要的社会哲学问题:生活在国家权力之下的人们如何才能保持自由,又是什么使得这样的国家权力是合法的?这两个问题是相互关联的,在第一卷中,卢梭做出了回答。他的结论是,公民通过一种社会契约,联合各自的力量,形成自己的国家。在这种社会契约中,他们达成一致,愿意作为一个集体来管理自己,并保护彼此的权利。因此,形成国家虽然要求公民放弃某些天然的自由,但人们却能获得更有价值的“公民自由”。在第二卷中,卢梭指出,只有人民拥有主权时,国家才是合法的。人民负责制定法律,并将实施这些法律的权力下放给行政机构。在第三卷中,卢梭探讨了政府可以采取的各种形式,以及这些政府形式如何在不同类型的国家中发挥最佳作用,并得出结论:人民要监督政府,以确保政府不会夺取权力。在第四卷中,卢梭讨论了人民如何才能弄清什么最符合自己的利益,通过分析罗马共和国的事例,说明为什么所有公民都应直接参与立法。

《社会契约论》是一本令人陶醉的哲学之作,是人类政治思想历史进程中的里程碑之作,它引领我们思考自由、平等和正义的基本原则。

卢梭的思想具有深刻的现实意义，它是一份珍贵的社会遗产，为我们提供了宝贵的智慧和启示。在当今社会，自由、平等、政府合法性等问题依然备受关注，卢梭的观点为我们提供了思考当代社会政治问题的视角。在这个充满挑战和变革的时代，我们相信，通过理解卢梭的思想，我们可以更好地塑造和改进社会，创造更美好、更公正的世界。

《社会契约论》以其精致的文学风格和深刻的哲学思考而备受推崇。卢梭以优美而深刻的语言，不仅提出政治权力和社会契约的核心问题，还为我们勾勒出一个更公正、更平等的社会愿景。这部作品将读者带入了一个关于政治、权力和个体自由的思辨之旅，激发着人们的思考。

亲爱的读者，愿您能从这本巨著中汲取智慧！

高　咏

2023 年 9 月

目录

CONTENTS

前　言

这篇短小的论文[1]是一部长篇著作[2]的一部分，我在多年前着手撰写那部著作时没有考虑自己的局限性，后来就放弃了。在那篇著作中可供采用的各部分中，本文是最重要的，而且，我认为，是最值得奉献给公众的。其余的部分都散失了。

[1] 此处的“论文”，是指本书，即《社会契约论》一书。——译注

[2] 此处的“长篇著作”，是指《政治制度论》一书。——译注

第一卷

我想要探讨的是，着眼于人类的实际情况和法律的可能性，在社会秩序中，是否存在一种可靠而又合法的政府规则？在研究这个问题时，我会始终尽力把权利所允许的和利益所要求的统一起来，从而使正义和功利在任何情况下都不会分离。

我在开始研究之前并没有说明这个主题的重要性。人们或许会问我：你论述政治问题，难道你是君王或是立法者？我回答说，我两者都不是，而且，这正是我谈论政治的原因。如果我是君王或立法者，我就不会浪费时间论述应该做什么；我要么去做，要么保持沉默。

生为自由国家的公民，作为主权体的一员，我感到，虽然我的声音对公共事务的影响极其微弱，但对这些事务的投票权让我有义务去研究它们。令人欣慰的是，每当思考有关政府的问题时，我总能在自己的研究中找到热爱祖国的新理由。

第一章

第一卷的主题

人生而自由,却处处受枷锁束缚。人们认为自己是一切的主人,其实受到的奴役比世间万物都要多。这种变化是如何产生的?我不知道。什么能使它合法?我想我能回答这个问题。

如果只考虑强力[1]及其产生的效力,我会说:如果人民因被迫服从而服从,那他们就做得很好;如果他们能够摆脱枷锁并且摆脱了,那他们就做得更好了。因为,人们重新获得自由所依据的恰是剥夺他们自由的那种权利,所以恢复自由是正当的,否则,当初剥夺人们的自由就毫无道理。社会秩序是

[1] 关于“强力”的解读,参见本书第一卷第三章。——译注

一项神圣的权利,是一切其他权利的基础。然而,这一权利并非自然产生,而是以约定为基础的。不过,在谈论这一点之前,我先对上述内容进行论证。

第二章

论原始社会

在所有的社会中,家庭是最古老的和唯一自然形成的社会。然而,孩子只有在需要父亲的养育时才会依附于父亲。一旦没有了这种需要,孩子和父亲之间自然的联系也就消失了。孩子不再服从于父亲,父亲也不再照顾孩子,双方都回归到了独立的状态。如果他们继续联系在一起,这就是自愿的而不是自然的,此时,家庭就只能通过约定来维系。

这种人人都有的自由,来源于人类的本性。人性的首要法则是维持自己的生存,人首先关心的是自己。当一个人到了理智的年龄,当他能够判断如何以适当的方式照顾自己时,他就成了自己的主人。

因此,家庭可以被看作政治社会的原始模型:首领对应父亲,人民对应孩子;所有的人生来就是自由和平等的,只有为了自己的利益他们才会放弃自己的自由。家庭和政治社会的区别在于：在家庭中，父亲对孩子的关照出于父亲对孩子的爱；而在政治社会中，首领对人民没有这种爱，取而代之的是发号施令的乐趣。

格老秀斯[1]否认人类的所有权力都是为统治者的利益设立的，他援引奴隶制作为例证。[2] 他通常的推理方法是，根据事实来确定权利。① 他还可以采用另外一种更符合逻辑的方法，但那也不会对暴君更为有利。

依照格老秀斯的说法，究竟是全人类属于某一百个人，还是那一百个人属于全人类，这是有疑问的。在他的著作中，他似乎倾向于前者，霍布斯[3]也这么认为。由此，人类就像是

---

[1] 格老秀斯（1583—1645），荷兰法学家，近代国际法的奠基人，著有《战争与和平法》《捕获法》《海上自由论》《荷兰法律导论》。——译注

[2] 此处的观点，参见格老秀斯的《战争与和平法》第一卷第三章："一切权力都是为了被统治者的利益而设立的；事实并非如此，有些权力就是为了统治者的利益设立的，例如奴隶主对奴隶的权力。"——译注

① "公法的学术研究关注的往往只是滥用权力的历史；过于深入地从事这种研究，没有任何意义，只会平添烦恼。"（参见阿冉松侯爵：《论法国与邻国关系的利益》）格老秀斯就是这么做的。——原注

阿冉松侯爵（1694—1757），法国政治家、作家，曾于 1744 年至 1747 年担任法国外交大臣。——译注

[3] 霍布斯（1588—1679），英国政治家、哲学家，著有《利维坦》《论公民》《论物质》《论政体》《论社会》等。——译注

一群群的牛羊，每个群体都有自己的首领。首领之所以保护人们，为的是“吃掉”他们。

正如牧人的本性优于牛羊群的本性一样，人类的牧人，也就是首领，其本性也优于其臣民的本性。如费龙[1]所言，卡里古拉[2]大帝就是这样推理的。费龙由此得出结论：要么国王是神，要么人民是牲畜。

霍布斯和格老秀斯的观点与卡里古拉的推理如出一辙。早在他们之前，亚里士多德就曾说过，人并不是天生就平等的，有些人生来就是做奴隶的，有些人生来就是统治他人的。

亚里士多德说得有道理，只是他错把结果当原因了。生在奴隶制下，天生就要做奴隶，这是毫无疑问的。在枷锁的束缚之下，奴隶们丧失了一切，甚至丧失了摆脱枷锁的欲望。他们热爱被奴役的生活，就像尤利西斯[3]的战友们热爱自己牲

---

〔1〕 费龙（约公元前20—40），希腊哲学家，具有犹太血统。曾出使罗马，见过卡里古拉大帝。——译注

〔2〕 卡里古拉（21—41），罗马帝国的第三任皇帝，37—41年在位，著名的暴君。原名盖乌斯·尤利乌斯·凯撒·日耳曼尼库斯，历史学家常将其称为“卡里古拉”，这是他儿时随父亲征战时，士兵为其取的外号，意思是“小军靴”。——译注

〔3〕 尤利西斯，希腊神话中的英雄，特洛伊战争中的一位将领。据荷马史诗《奥德赛》记载，在希腊军队攻克特洛伊之后，尤利西斯和同伴们在回国途遇到女巫，他的同伴被变成了猪，而他却没有受到魔法的影响。——译注

畜般的生活一样〔1〕。因而,如果有天生的奴隶,那是因为先有了违背自然的奴隶。强力导致了奴隶的产生,而怯懦使他们永远当奴隶。

我没有提及亚当王〔2〕,也没有谈到挪亚皇〔3〕。挪亚是三位三分天下的大君王的父亲,有学者认为,在这三位君王身上有萨图恩〔4〕的儿子们的影子。我希望我的谦逊能得到赞许。因为,我正是这三大君王之一的直系后裔,也许是嫡长子的后代,如果调查族谱的话,说不定我还是全人类合法的国王呢！不管怎么说,亚当无疑是世界的主宰,就像鲁滨逊〔5〕一

---

〔1〕 参见普鲁塔克的一篇短文,题名为《假如动物也有理性》。——原注
普鲁塔克(约46—120),古希腊作家、哲学家、历史学家,以《比较列传》(又称《希腊罗马名人传》或《希腊罗马英豪列传》)闻名。卢梭非常喜欢他的作品。——译注

〔2〕 亚当,《圣经》中人类的始祖。据《旧约·创世纪》记载,上帝按照自己的形象,用泥土造出人形,把生气吹入其鼻孔,取名亚当,这样就有了世上首个人类和第一个男人。——译注

〔3〕 挪亚,又译作"诺亚",《圣经》中的人物,在500岁时生了三个儿子:一个叫闪,一个叫含,一个叫雅弗。《旧约·创世纪》记载了挪亚方舟的故事。上帝看到人世间充满邪恶,就决定毁灭罪恶的世界。上帝又发现,挪亚是个义人。于是,上帝让挪亚建造一艘方舟,带着妻儿逃离洪水。洪水过后,挪亚的三个儿子繁衍后代,各自分邦立国。——译注

〔4〕 萨图恩,罗马神话中的农神。许多神祇和英雄都是他和不同女人生下的子女。——译注

〔5〕 鲁滨逊,即鲁滨逊·克鲁索,是丹尼尔·笛福的长篇小说《鲁滨逊漂流记》中的主角。在这部小说中,鲁滨逊出海游历时遭遇不幸,漂流到一座荒岛。他在荒岛上勇敢地生存了下来,历尽磨难,最后终于回到了故乡。——译注

样，只要他是岛上唯一的居民，他就是那个岛屿的国王。这种帝国的优势在于，君主可以稳坐王位，无须担心叛乱、战争和谋篡。

第三章

论最强者的权利

即使是最强者,也无法强大到永远做主人,除非他能把强力变成权利,把服从变成义务。因此,最强者的权利,虽然看起来具有讽刺意味,但实际上已经被确立为一项原则了。可是,难道没人能为我们解释一下这个名词吗?强力是一种物质力量,我看不出它能产生什么道德影响。屈服于强力是迫不得已的行为,并非出于自愿,最多不过是一种明智的行为而已。在何种意义上,这会是一种义务呢?

姑且假设存在这种所谓的最强者的权利。但我认为,这种假设只会产生一大堆荒谬的胡言乱语。因为,如果强力产生权利,那么强力的改变就会导致权利的变化(结果会随着原因的改变而发生变化)。于是,当一种强力战胜另一种强力时,相应的权利就会发生变化。只要不服从不会受到惩罚,那么不服从就是合法的。而且,因为最强者总是正确的,所以唯一重要的事就是努力成为最强者。然而,因强力消亡而消失的权利,又算是一种什么样的权利?如果人们是因为强力才服从的,那服从就不是源于义务了。如果人们不再被强迫服从,他们也就没有服从的义务了。显然,"权利"一词并不能为"强力"增添任何新的内容;在此,它没有任何意义。

应当服从权力。如果这其中的意思是屈服于强力,那么,这虽然是一条很好的告诫,但却是多余的:我保证永远不会有人违反它!我承认,一切权力都来自上帝。而所有的疾病也都来自上帝,这是不是说,我们不能求医问药了?假如强盗在森林深处拦截了我,我会被强迫交出钱包,但是,如果我能把钱包藏起来,我是不是在道义上也有义务把钱包交出来?毕竟,强盗手中的枪也是一种权力。

那么,我们就要承认:强力不能产生权利,我们有义务服从的只是合法的权威。这样,我们就又回到了最初提出的那个问题上了。[1]

---

〔1〕 此处是指本书第一卷第一章开头提出的问题:"什么能使它合法?"——译注

第四章

论奴隶制

既然任何人对他人都没有天然的权威，而强力又不能产生权利，那么，我们的结论就是：契约是人类一切合法权威的基础。

格老秀斯说，如果一个人可以转让自己的自由，使自己成为主人的奴隶，那么，为什么不能让全体人民也这么做，使他们臣服于国王呢？这段话里有不少含混不清的词需要解释。不过，我们在这里只解释“转让”这个词。“转让”就是奉送或出卖。然而，成为别人的奴隶的人，并不是奉送了自己，而是为了生存出卖了自己。但是，全体人民出卖自己是为了什么呢？国王不仅不能供养自己的臣民，反而要靠臣民来供养。正如拉伯雷[1]所说，

[1] 拉伯雷(1494—1553)，文艺复兴时期法国人文主义作家、教育思想家。卢梭此处所引，来自其长篇小说《巨人传》。——译注

一无所有的国王是活不下去的。臣民把自己奉送给国王，还以国王拿走他们的财物为条件。我看不出他们还剩下什么了。

有人会说，专制君主可以为臣民提供安宁。即便如此，但如果君主的野心带来了战争，如果君主贪得无厌，官吏胡作非为，而相比于人民自己之间的纷争，这一切使人们遭受了更多的苦难，那人民从中能得到什么呢？如果这种安宁本身就是一种灾难，那人民又能从中得到什么呢？人在监牢里也可以平静地生活，但那也算是美好的生活吗？被囚禁在库克罗普斯的洞穴里的希腊人，在那里过着安宁的生活，但等待他们的却是被吃掉的结局。[1]

一个人甘愿无偿地把自己奉送给别人，这是荒谬和不可思议的。仅仅从这样做的人丧失理智这一点来看，这种行为就是无效的和不合法的。如果说全体人民都这样做，那就是假定人们全都疯了，而疯狂之举是不能产生权利的。

就算人们能转让自己，他们也不能转让自己的孩子。孩子生来就是人，而且是自由的；他们的自由属于自己，除了他

---

〔1〕 库克罗普斯是希腊神话中的独眼巨人族，特点是强壮、固执、冲动，擅长制造和使用各种工具和武器。此处的典故出自荷马史诗《奥德赛》。奥德修斯和同伴们在返乡途中闯入独眼巨人的洞穴，独眼巨人捕获了他们。奥德修斯的同伴被独眼巨人一个个地吃掉，但机智的奥德修斯灌醉了巨人，和剩余的同伴们一起逃跑了。——译注

们本人,任何人都无权对其加以处置。在孩子长大成人之前,父亲可以为了孩子的生存和幸福,代表孩子订立条约,但不能无条件地、不可挽回地把孩子奉送给他人。这种奉送违背了自然的目的,也超出了父亲的权利。因此,要使专制政府合法化,就要让每一代人民都能自主决定承认它还是否认它。可是,这样一来,政府就不是专制的了。

放弃自由就是放弃做人的资格,就是放弃人类的权利,甚至就是放弃自己的义务。放弃一切的人得不到任何补偿。这种放弃不符合人的本性。去除了意志中的自由,也就去除了行为中的道德性。而且,规定一方有绝对的权威、另一方要无限服从的协议,本身就是无法实现的和自相矛盾的。很显然,如果我们有权从一个人那里索取任何东西,我们对此人就不承担任何义务。如果双方之间没有对等或互换的东西,那约定就是无效的,难道不是这样的吗?我的奴隶有什么权利反对我?他所有的一切都属于我,他的权利就是我的权利,而说我有反对自己的权利,这是毫无意义的。

格老秀斯和其他一些人把战争作为所谓的奴役权的另一个起源。按照他们的说法,战胜者有权杀死战败者,而战败者可以用自由赎回自己的生命;这种协议对双方都有利,因此更为合法。

但是,这种所谓的杀死战败者的权利显然不是战争产生的结果。究其原因,当人类生活在原始的独立状态时,他们之间没有稳定的关系,无法形成和平状态或战争状态,所以,他们不可能天生就是敌人。导致战争的,是对物的争夺,而不是人与人之间的关系。既然纯粹的人与人之间的关系不会引发战争,而战争只能产生于物的关系之中,那么,在没有固定财产权的自然状态中,以及一切都受法律约束的社会状态中,就不可能存在私人之间战争或者说是个人对个人的战争。

个人之间的斗殴、决斗和冲突,并不能构成什么状态〔1〕。至于法兰西国王路易九世〔2〕发布敕令认可的私人战争,后来也被“上帝和平运动”〔3〕禁止了。那场战争是封建政府滥用

〔1〕 指战争的状态。——译注

〔2〕 法兰西国王路易九世(1214—1270),法兰西王国卡佩王朝第十一位国王,1226年至1270年在位。路易九世在位期间,卡佩王朝达到鼎盛时期。路易九世因执法公正、信仰虔诚,在死后被追封为圣徒,后世称其为“圣路易”,他统治的时期被称为“圣路易的黄金时代”。——译注

〔3〕 上帝和平运动:10世纪,由于世俗政权无法维护正常的社会秩序,所以法国基督教会发起了“上帝的和平”运动,这是一场致力于恢复和平的社会运动。基督教会宣称,国王无法维护和平,对于这一上帝指派的使命,只好由基督教会来完成。教会规定,在周末和基督教节日不得进行私战,要尊重教会和教产,不得欺压平民。基督教会通过这场和平运动,保护了教会的财产和安全,也使教会摆脱了世俗政权的控制和干预,在一定程度上还维护了社会的稳定。——译注

职权导致的,如果它能被算作一种制度,那也是违背自然权利的原则和违反一切良好政体的荒谬的制度。

因此,战争不是个人之间的关系,而是国家之间的关系。在战争中,个人与个人只是偶然地成为敌人,而且,此时他们的身份是士兵而不是个人①,甚至也不是公民;他们的身份不是国家的成员,而是国家的保卫者。总之,国家的敌人只能是国家,而不能是个人,因为本质上不同的事物之间是不可能存在真正的联系的。

而且,这一原则符合自古以来确立的规则,也符合所有文明民族的一贯做法。宣战表面上是在对君主下通告,但实际上是在向人民下通告。外来者,无论是国王、普通个人还是整个民族,如果不向君主宣战就抢劫、杀害、关押该国的臣民,那他就不是敌人,而是强盗。就算在真正的战争中,正义的君

① 罗马人比世界上任何一个国家的人都更理解也更尊重战争的权利。在这方面,他们十分谨慎。一个公民在没有明确地表示要与敌人交战并指明要与哪个敌人交战之前,是不会被允许参加志愿军的。小卡图曾在波比里乌斯麾下的一个军团服役,后来该军团被改编。老卡图写信给波比里乌斯说,如果想要让小卡图继续在其手下服役,就要小卡图重新宣誓,因为原来的誓言已经失效,小卡图没有资格拿起武器与敌人作战。老卡图只好写信告诉儿子,在宣誓之前千万不要参加战斗。我知道,人们也许会用克卢西姆的围攻或其他一些个别事件来反驳我,但我引证的是法律和习俗。罗马人比任何其他人都更遵守法律,他们的法律也是最好的法律。——原注

主，虽然尽可以夺取敌国的一切公共财产，但他会尊重个人的生命和财产：他尊重构成自己的权利的基础的权利。战争的目的是摧毁敌国，一方有权杀死对方手持武器的守卫者；但是，一旦这些守卫者放下武器投降，他们就不再是敌人或敌人的工具，而是重新变回了普通人，没有人有权夺走他们的生命。有时候，即使不杀死一兵一卒也可以消灭一个国家。因此，战争并不能产生任何与其目的无关的权利。格老秀斯不认可这些原则。这些原则不以诗人的权威为基础，[1]而是源于事物的本质，是基于理性产生的。

就征服的权利而言，其唯一的依据是最强者的权利。既然战争没有赋予战胜者屠杀战败的人民的权利，那么奴役战败者的权利就不能建立在这种不存在的权利的基础之上。只有在无法使敌人成为奴隶的情况下，人们才有权杀死敌人。因此，奴役敌人的权利绝非源自杀死敌人的权利。战胜者没有剥夺战败者的生命的权利，所以，让战败者用自由换取生命，就是一场不公平的交易。把生杀权建立在奴役权的基础之上，反过来又把奴役权建立在生杀权的基础之上，这岂不是

---

[1] 卢梭此处的话语是在讽刺格老秀斯，因为格老秀斯的著作中常常大量引用古希腊、古罗马的诗文。——译注

陷入了恶性循环?

即使存在这种可怕的生杀予夺的权利,我仍然认为,由战争产生的奴隶或被打败的民族,除了被迫服从外,对征服者无任何其他义务。战胜者既然剥夺了与战败者生命等价的东西,那他们对战败者就没有给予任何恩惠。奴役相当于杀戮,只不过,这种杀戮不是一无所得的,而是有利可图的。事实上,除了对奴隶的强力外,战胜者对战败者没有任何其他的权威,因此战争状态也就依然存在。战胜者与战败者之间的相互关系就是这种战争状态的结果,而战争权的行使则意味着不存在任何和平条约。当然,战胜者与战败者之间是有约定的,只不过他们约定的不是要结束战争状态,而是要让战争持续。

因此,无论从哪个角度来看,奴役权都是无效的,不仅因为它是非法的,而且因为它是荒谬的和无意义的。“奴役”和“权利”这两个词相互矛盾、相互排斥。如果某人对另一个人或全体人民说下面的话,那就是无稽之谈:“我与你达成一个协议,义务完全是你的,利益全都是我的。而且,只有我愿意,我才遵守约定;只要我愿意,你就得遵守约定。”

第五章

总需追溯到最初的约定

即使我赞同上文中自己曾反驳的所有观点，专制主义的拥护者也好不到哪儿去。制服一群人和治理一个社会，两者之间是有很大区别的。如果许多分散的个体相继被某个人奴役，无论他们有多少人，我所看到的也不过是一个主人和他的奴隶，而绝不是人民和统治者。我认为他们只是“聚集”在一起，而不是结合在一起；他们之中既没有公共利益，也没有政治体。这个人即使奴役了半个世界，他仍然只是一个独立的个体。他的利益脱离了别人的利益，只是纯粹的个人利益。这个人死后，他留下的帝国就会随之分崩离析，就像一棵橡树被大火烧毁后化为一堆灰烬一样。

格老秀斯说，人民可以把自己奉送给国王。那么，按照他的这种观点,人民在奉送自己之前就已经是一国的人民了。这种奉送其实是一种契约行为,必须经过公众的审议。在讨论人民选举国王这一行为之前,最好先研究一下人民是如何成为人民的,因为后者先于前者,是社会的真正基础。

事实上,如果没有事先作出约定,除非选举是全体一致通过的,否则,少数人为什么要同意多数人的意见?如果有一百个人想要选某人作首领,而有十个人对此不赞同,那这一百个人凭什么有权代表那十个人作出决定?多数表决规则本身应通过约定确立,其前提是至少有一个全票通过的协议。

第六章

论社会公约

我设想,人类曾处于这样一种境地:自然状态下存在阻碍人类生存的障碍,其阻力压倒了每个人维持自己生存的力量。因此,这种原始状态不能继续下去;人类如果不改变生存方式,就会灭亡。

然而,人类无法创造出新的力量,只能联合和运用现有的力量。因此,人类保全自己的唯一方法是,聚集起来,形成强大的合力,同心协力,攻坚克难。

这种合力,只有若干人共同协作才能产生。可是,力量和自由是一个人维持生存的主要手段,那么,个人在将自己的力量和自由投入合力的同时,怎样才能不损害自己的利益、不忽视对自己的关照呢?就目前的主题而言,这一难题可以这样表述:

“要找到一种联合的形式,让整体的共同力量来捍卫和保护每一个成员的人身和财产,并且使每一个成员在与全体联合时,只服从自己,同以往一样自由。”这是社会契约要解决的根本问题。

这一契约的性质决定了,对其条款最微小的修改都会使其无效。因此,尽管这些条款可能从未被正式宣布,但它们却是放之四海而皆准的。倘若这个社会契约被违反,人们就会重新获得自己原有的权利,在丧失约定的自由的同时,收回先前为得到约定自由而放弃的天然自由。

这些条款完全可以简化为一句话:每个成员把自己的一切权利都转让给共同体。首先,每个人都完全奉献了自己,所以这一条件对所有人都是平等的;而且,正因如此,谁也不希望这一条件对他人不利。

其次,转让是毫无保留的,所以这个集体会是尽可能完美的,而其成员也就别无所求了。因为,如果个人保留某些权利,如果在个人和集体之间没有共同的权威来作出裁决,那么,个人在某些事情上就成了自己的裁决者,随后他就会要求事事都如此。这样,自然状态就会延续,而集体就会徒有虚名或导致暴政。

最后,每个人都把自己奉献给了所有人,而不是把自己奉献给任何一个特定的个人。人人都能从其他成员那里获得自己转让给集体的权利。由此,自己的付出得到了同等的弥补,而且,人们还获得了更多的力量来保全自己所拥有的东西。

这样,撇开其中非本质的部分,我们可以把社会契约归纳成以下条款:“每个人都把自身及其全部力量交出来,置于公共意志的最高指导之下,并且,在集体中,每个成员都被视为共同体不可分割的部分。”

于是,缔约各方不再是单独的个体,这种结合立即生成了一个道德的与集体的共同体,该共同体的成员数与大会的投票数相同。通过这种结合,这个共同体成为一个统一体,形成了共同的大我,拥有了自己的生命和意志。这个由全体个人结合成的公共人格,以前被称为“城邦”①,现在被称为“共和

① 这个词的真正含义在现代几乎完全丧失了。大多数人把城市误认为城邦,把市民误认为公民。他们不知道,城市是由家庭构成的,而城邦是由公民构成的。这一错误曾经使迦太基人付出了惨重的代价。我从来没有听说过任何一个君主的臣民被赋予公民的称号,即使是古代的马其顿人和今天的英国人,尽管他们比其他人自由,也不能享有这一称号。只有法国人到处随便使用“公民”这个称号,原因在于他们并不知道这个词的含义,这从他们的字典中就可以看出来。如果他们明白这个词的含义却又胡乱使用的话,就犯了谋篡罪。在法国人眼中,这个词表示的是一种美德,而不是一项权利。博丹在谈论公民和市民时,把二者混淆了,因而犯了一个大错误。达朗贝尔就没有犯这个错误。在解读“日内瓦”这个词条时,他明确区分了城市中的四类人(甚至可以说是五类人,如果包括纯粹的外邦人的话),而其中组成共和国的只有两类人。据我所知,还没有别的法国作家了解“公民”这个词的真正含义。——原注

国”或“政治体”。当它处于被动状态时，其成员称之为“国家”；当它处于主动状态时，就称之为“主权者”；把它与其同类相比时，则称之为“政权”。至于它的成员，作为集体，被统称为“人民”；作为个体，当其为国家主权的参与者时，被称为“公民”，当其为国家法律的服从者时，被称为“臣民”。不过，这些术语总是彼此混淆、相互通用的。在需要精确使用它们时，人们知道如何区分就行了。

第七章

论主权者

前面的那段表述[1]表明，结合行为包含着公众与个人之间的相互承诺。可以说，每个人都在与自己订立契约，都具有双重身份：对于个人，他是主权体的一员；而对于主权体，他则是国家的一员。民法中有一条原则，即任何人都不受对自己所作的承诺的约束，但是，此原则在这里并不适用。原因在于，对自己承担义务和对自己作为其中一员的集体承担义务，这两者之间有很大的区别。

需要指出的是，每个人都受制于两种不同的关系，所以，尽管公众的决议可以要求臣民服从主权体，但却不能要求主权体约束其自身。因此，主权体如若推行一种自己不能违背

[1] 指本书第一卷第六章中关于社会契约的表述。——译注

的法律,那就违反了政治体的本性。由于国家只能以一种身份来看待自己,这种情况就如同个人不能与自己订立契约一样。这清楚地表明,没有也不可能有任何基本法能约束人民共同体,即使社会契约也不例外。这并不是说,在不违反约定的情况下,一个国家不能与其他国家订立契约。因为对外而言,国家只是一个单一的个体。

不过,政治体或主权体,其存在完全是基于契约的神圣性,所以它永远不能做违背这一原始契约的事,即使对外也不行。例如,它不能转让自己的一部分或服从另一个主权体。违背自己赖以存在的契约,就等于自我毁灭,而被毁灭的东西是什么都做不了的。

一旦人们结合成了共同体,那么,对其中任何一个成员的侵犯都是对共同体的侵犯,而对共同体的侵犯也是对其成员的侵犯。因此,义务和利益迫使缔约双方互相帮助。同时,处于双重关系之中,这些人也应该设法把一切有关的利益结合起来。

再者,主权体只能由其成员构成,所以主权体的利益绝不会与其成员的利益相抵触。因此,主权体无须对其臣民作出任何保证,因为共同体不可能故意伤害自己的全体成员,而且，正如我们之后会讨论的，[1]它也不可能伤害其中任何一个成员。主权体，正因为其是主权体，就永远是自己应该是的样子。

然而，在臣民与主权体的关系上，情况就不同了。尽管存在共同的利益，但除非主权体有办法确保臣民忠诚，否则就不能保证臣民会履行承诺。

事实上，作为个体，每个人都有自己的意愿，这种意愿与其作为公民的公共意愿可能会不一致，甚至会相抵触。个人利益和公共利益对一个人产生的影响可能大不相同。个人绝对的、天然的独立性可能会使他认为，自己对共同事业的付出是无偿的贡献，不对公共事业做贡献对他人的伤害，要小于做出贡献给自己带来的负担。至于构成国家的"道德上的人"，他认为那不是真正的人，而只是虚构的存在。因此，他只希望享受公民的权利，而不愿意履行自己的义务。长此以往，这种不公正的状况就会摧毁整个共同体。

因此，为了使社会契约不至沦为空谈，这个契约暗含着一项约定，而唯有这一约定才能确保其他约定的效力，那就是，谁若拒不服从公共意愿，共同体必会强迫其服从。这并无他

---

〔1〕 参见本书第三卷第四章。——译注

意,只是要迫使每个人都获得自由。因为这是让公民献身国家并确保其不依赖任何人的条件。这是政治机器运作的关键,只有它才能使社会契约合法化;没有它,社会契约就是荒谬的、暴戾的,而且会被严重滥用。

第八章

论社会状态

从自然状态过渡到社会状态，人类发生了显著的变化。在他们的行为中，正义取代了本能，其行为也因此具有了以前所缺乏的道德性。从此时起，责任感取代了生理的冲动，权利取代了贪欲，人们以前只关心自己，而此时才发现，自己必须要按照另外的原则行事，并且在听从天性的驱使前要先叩问自己的理性。在这种状态下，尽管他失去了得于自然界的一些好处，但却获得了巨大的回报。他的潜能得以开发，思想变得开阔，情操受到了陶冶，灵魂得到了升华。如果不是由于滥用这种新处境而堕落到比之前要糟糕的境地，他肯定会对那个幸福时刻庆幸不已，因为正是从那一刻起，他永远脱离了自然状态，从愚昧和狭隘的动物变成了充满智慧的生物，变成了人。

现在让我们用便于比较的内容来说明人类的收益和损失吧。社会契约使人类失去的,乃是其天然的自由和得到一切可望也可及的东西的无限的权利;而人类所获得的则是社会的自由和对自己所拥有的东西的所有权。为了避免在比较时出现错误,我们必须明确区分天然的自由和社会的自由,前者只受个人能力的限制,后者则受到社会公意的制约;还要区分占有和所有,前者是强力的产物或是最先占有者的权利,而后者则只能以积极的所有权为基础。

除此以外,人类在社会状态中还获得了道德的自由,而只有这种自由才能使人成为自己真正的主人。这是因为,单有贪欲,就会处于被奴役的状态,而只有服从为自己制定的法律,才能获得自由。不过,对此我已经谈论得很多了,而"自由"这个词的哲学含义,并不是我在这里要讨论的主题。

第九章

论财产权

在共同体形成的那一刻，每个成员都把自己的一切——自己的人身以及包括财产在内的全部资源——奉献给了集体。这并不是说，占有权在转手之际发生了本质变化而成了主权体的所有权。城邦的力量比个人的力量大得多，所以，公共所有权虽然不具有更多的合法性（至少对于外邦人来说是如此），但实际上却更强大、更不可变更。因为，就一个国家对其成员而言，依据社会契约，国家是其成员全部财产的主人（在国家内部，社会契约是一切权利的基础）；但是，就一个国家对其他国家而言，一国只能基于它从个人那里得来的最先占有者的权利，才能成为财产的主人。

最先占有者的权利虽然比最强者的权利更真实，但也只有在私有财产权确立之后，才能成为真正的权利。每个人生来就有权获得自己所需的东西,但是,拥有这些财产的积极行为,使他不能占有其他财产。一旦获得了自己的那一份,他就应以此为限,而不能再向共同体索要更多的东西。正因为如此,最先占有者的权利在自然状态下非常脆弱,而在社会状态中却备受推崇。在这项权利中,人们所尊重的,与其说是属于别人的东西,不如说是不属于自己的东西。

一般来说,要确立最先占有者对土地的权利,必须具备以下条件:首先,土地无人居住;其次,占有的数量以维持自己生存必需为限;最后,占有土地不能仅凭空洞的形式,而是要通过劳动和耕作,因为在没有合法依据的情况下,这是所有权得到他人尊重的唯一标志。

根据需求和劳作授予土地的最先占有权,不就是把这种权利延伸到极限了吗?这种权利难道不受任何限制吗?是不是一个人只要踏上某块公共土地,就能立即宣告占有这块土地?假如有人凭强力驱逐他人而暂时占领了某片土地,难道他就可以永远剥夺别人回来的权利吗?一个人或一个民族夺取了大片的土地,不让他人涉足,这种强取豪夺应受到惩罚,因为这种行为夺走了他人被大自然赐予的居住地和生存物资。当努涅斯·巴尔沃亚[1]在海岸上以卡斯蒂利亚[2]王室的名义宣告占有南太平洋和整个南美洲时，难道他真的能剥夺当地全体居民的权利，并将世界上所有的君主都拒之门外吗？如果真是这样的话，这种毫无益处的仪式就会不断重演。那位天主教国王[3]足不出户就可以一下子占有全世界，只要随后把其他帝国的土地划入自己的版图就行了。

我们可以想象，相邻的个人土地是怎样合并在一起成为公共领土的，当主权权利的范围从臣民本身扩展到他们所拥有的土地时，又是如何成为既是对人又是对物的权利的。这使财产占有者更加依赖国家，他们的力量成了自己效忠的保证。但古代的君王们似乎没有认识到这一好处，他们仅仅自称是波斯人的王、塞种人[4]的王或马其顿人[5]的王，好像

---

〔1〕努涅斯·巴尔沃亚(1475—1571)，西班牙航海家，于1513年发现了南美洲和太平洋，并以卡斯蒂利亚王国的名义宣布占有这些土地和海域。——译注

〔2〕卡斯蒂利亚，指卡斯蒂利亚王国(1035—1837)，又译作卡斯提尔王国，是西班牙历史上的一个王国，位于伊比利亚半岛中部卡斯蒂利亚地区，由西班牙西北部的老卡斯蒂利亚和中部的新卡斯蒂利亚组成。后来它和周边的王国融合，形成了西班牙王国。——译注

〔3〕指卡斯蒂利亚的国王。——译注

〔4〕塞种人，又称“塞人”“萨迦”“斯基泰人”，古老的游牧部族，生活在欧亚内陆的草原地区，属于西方欧罗巴人种。——译注

〔5〕马其顿人，居住于古希腊北部，在民族上属于希腊人，与希腊人一样，信仰奥林匹斯山的众神。——译注

只把自己视为人民的首领而非国家的主人。现在的君主就聪明多了,他们自称是法兰西国王、西班牙国王、英国国王,等等。这样,他们既能占有土地,又能掌控土地上的居民。

这种转让的独特之处在于,共同体在接受个人财产时,并没有剥夺这些财产,反而是确保了个人对财产的合法所有,据为己有变成了真正的权利,占有权也变成了所有权。这样,财产的拥有者就被视为公共财富的保管者,他们的权利受到国家全体成员的尊重,并得到国家的全力保护以抵御外邦侵犯。这种转让,对于公众有利,对于自己更为有利,可以说,个人拿回了自己献出的一切。我们会在后文中论述,通过区分主权体和所有者对同一财产的权利,就很容易解释这一看似矛盾的说法。[1]

也可能出现这种情况:人们结合在一起时,并没有占有任何土地;之后,他们占领了一块足以供养所有人的土地;他们共同使用这块土地,或者将其分割,可以平均分配,也可以按照主权体规定的比例来分。无论以何种方式获得土地,每个人对自己那块土地的权利都从属于共同体对所有土地的权利。若非如此,社会关系就不稳定,主权的行使也会很无力。

---

〔1〕 参见本书第二卷第四章。——译注

现在我要指出一切社会制度的基础,以此来结束本章和本卷的论述。这就是:社会契约并没有破坏自然的平等,反而是用道德和法律的平等取代了人们之间天生的身体上的不平等;这样,尽管人与人之间在体力上和智力上不平等,但依据社会契约和法律权利,人人都是平等的。①

① 在糟糕的政府的治理下,这种平等只是表面的和虚假的。它只会让穷人永远贫困,让富人不断掠夺。事实上,法律总是有利于拥有财富的人,而不利于一无所有的人。由此可见,只有当每个人都有一些东西,而又没有人拥有太多东西时,社会状态才对人们有利。——原注

第二卷

第一章

论主权是不可转让的

前面所确立的原则产生的最直接的也是最重要的推论是,只有公共意愿才能根据国家建立的目的即共同利益来指导国家运作。这是因为,个人利益的冲突使建立社会成为必要,而个人利益的一致则使建立社会成为可能。个人利益中的共同之处构成了社会的纽带;如果没有这些共同之处,任何社会都不可能存在。因此,治理社会应该以这些共同利益为基础。

由此,我认为:主权是公共意愿的行使,因而永远不能被转让;主权体以集体的形式存在,除了它自己,没人能代表它;权力可以被转让,但意愿却不可以。

事实上,虽说个人意愿与公共意愿在某些方面相一致不是不可能,但这种一致却不可能稳定并持久。因为,就其本质而言,个人意愿有自私的倾向,而公共意愿则趋于平等。要想确保个人意愿与公共意愿长久一致,那是不可能的。即使这种一致曾经存在,那也是出于巧合而不是人为的结果。主权体确实可以说:“现在我的意愿实际上就是某人的意愿,或者至少是他所说的意愿。”但主权体不能说:“明天这个人的意愿,仍然是我的意愿。”因为,愿意让自己的未来受到约束,这是荒谬的;而且,没有人会赞同与自己的利益相冲突的事。如果人民只是一味地服从,其本身就会因此而解体,人民也就不再是人民了。一旦有了主人,主权体就不复存在,政治体也就瓦解了。

这并不是说,在主权体有权反对却没有反对的情况下,首领的命令不能算作公共意愿。在这种情况下,普遍的沉默被认为是人民的同意。我会在后面的论述中解释这一点。[1]

---

〔1〕 参见本书第三卷。——译注

第二章

论主权是不可分割的

主权是不可转让的，出于同样的原因，主权也是不可分割的。因为，意愿要么是公共的①，要么不是；它要么是全体人民的意愿，要么只是一部分人的意愿。在第一种情况下，意愿一经宣布，就是主权行为，并构成法律。在第二种情况下，意愿只是个别意志或行政行为，顶多是一道命令而已。

然而，我们的政治理论家由于无法从原理上分割主权，所以就根据其对象来分割。他们将主权分为强力和意愿，分为立法权和行政权，分为税收权、司法权和战争权，分为内政权和外交权。他们有时把这些部分放在一起，有时又把它们分

① 一种意愿要成为公共意愿，并不总是需要做到全体一致。但是，必须要把全部票数都计算在内，排除任何一票都会破坏意愿的公共性。——原注

开。他们把主权体弄成东拼西凑的怪物，就好像是用几个人的身体——这个人的眼睛、那个人的胳膊、另一个人的脚——拼凑出一个人。据说，日本的江湖艺人能当众肢解一个孩子，然后把肢体一一抛向空中，接着又会从空中掉下来一个活生生的、完好无损的孩子。我们的政治理论家的把戏也差不多是这样的，他们用一套江湖幻术，先是肢解了社会共同体，随后又不知用什么方法将它重新组装起来。

造成这种错误的原因是，没有准确把握主权权威的含义，把主权权威的表现视为其组成部分。例如，把宣战和媾和视为主权行为。其实不然，这些行为并不是法律，只是法律的应用，是适用法律的特定行为。我们明确了“法律”一词的概念后，这一点就会很清楚。

以同样的方法分析主权的其他分割时，我们会发现，任何对主权的分割都是错误的：被认为是分割后的主权的组成部分的权利，实际上都是从属于主权的，并且永远受最高意志的支配，而这些权利只不过是在执行最高意志而已。

由于缺乏确切性，政治理论家在根据自己确定的原则判断国王和人民各自的权利时，得出的结论是含混不清的。在格老秀斯著作[1]的第一卷第三章和第四章中，大家可以看出，这位博学的大师和译者巴贝拉克[2]是如何陷入自己的诡辩之中并且无法自圆其说的。他们担心说得太少或太多，生怕损害了自己想要调和的各方利益。格老秀斯因对祖国不满而逃亡到法国。为了讨好路易十三[3]，他把自己的书献给了这位国王。在书中，格老秀斯费尽心机地剥夺人民的权利，并想方设法把人民的一切权利都赋予国王。这也很符合巴贝拉克的口味，他将此书翻译后献给了英王乔治一世。但不幸的是，詹姆斯二世[4]被驱逐(巴贝拉克称之为"让位")，这使巴贝拉克不得不保持谨慎、回避要害、含糊其词，唯恐把威廉三世[5]说成是篡位者。假如这两位作家能够采用正确的原则，

[1] 指格老秀斯的《战争与和平法》。——译注

[2] 1724 年出版了由巴贝拉克(1674—1744)翻译并注释的《战争与和平法》的法文版本。这个译本是 18 世纪最受欢迎的版本，被认为是拉丁文《战争与和平法》的标准译本，并成为其他语种译本的基础。巴贝拉克也因此成为格老秀斯思想的普及者。——译注

[3] 路易十三(1601—1643)，法兰西波旁王朝第二任国王，于 1610 年至 1643 年在位。——译注

[4] 詹姆斯二世(1633—1701)，斯图亚特王朝第十二位苏格兰国王及复辟后的第二位英格兰及爱尔兰国王，于 1685 年至 1688 年在位。——译注

[5] 威廉三世(1650—1702)，名为威廉·亨德里克·范·奥兰治，在苏格兰被称作威廉二世，于 1672 年至 1702 年在尼德兰(今天的荷兰)执政，于 1689 年至 1702 年担任英格兰国王。——译注

一切难题都能迎刃而解,他们也就能够自圆其说了。他们本该说出真理,并求得人民的满意,但是,真理不会带来财富,人民也无权赐予他们大使头衔、教授职位和高薪厚俸。

第三章

公共意愿是否正确

从前面的论述可以看出,公共意愿总是正确的,并始终以公共利益为宗旨。但这并不意味着,人民所有的决议都是正确的。人们总是追求对自己有利的东西,但并非总能辨别什么是有利的。人民不会被腐蚀,但却经常被蒙蔽,而在这种情况下,人民就会接受不好的东西。

所有人的意愿和公共意愿之间往往有很大的差别。后者关注的是共同利益;而前者则关注个人利益,其实它是个别意愿的总和。然而,如果从所有人的意愿中去掉正负相互抵消的部分①,

① 阿冉松侯爵说:"每种利益都有各自的原则。两种个别利益的一致产生于同第三种利益的对立。"他本还可以补充说,全体利益的一致是通过与每个人的利益的对立形成的。如果不存在不同的利益,那么共同利益就不会遇到任何障碍,也就几乎无法被感觉到。此时,一切都会自行其是,而政治也就不再是一门艺术了。——原注

剩下的个别意愿之和就构成了公共意愿。

如果人民在得到充分的信息后进行讨论,人民之间又没有任何勾结,那么,即使存在诸多小的分歧,也还是会产生公共意愿,而结果也总是好的。然而,如果出现了派系之争,产生了牺牲大众利益的小集团,那么,这些小集团中的意愿,对其成员来说就是公共意愿,但对国家来则是个别意愿。这样一来,有多少集团就有多少票,而不是有多少人就有多少票。此时,分歧减少了,但表决的结果却缺乏普遍性了。到最后,当其中某个集团大到战胜所有其他集团时,表决的结果就不再是诸多分歧的总和,而是一个唯一的分歧;在这种情况下,就不存在什么公共意愿,而主导的意愿只不过是一种个别意愿。

因此,要想让公共意愿被很好地表达出来,最重要的是国家内部不能有小集团,每个公民只能发表自己的意见。① 伟大的莱格古斯〔1〕确立的独特又高明的制度便是如此。如果

---

① 马基雅维利说:"事实上,有些划分对共和国是有害的,有些则是有利的。那些引起宗派和党派的纷争的划分是有害的;那些没有引起纷争的划分则是有利的。那么,既然共和国的缔造者不能避免纷争的产生,那他至少应该防止这些纷争发展成派别之争。"(《佛罗伦萨史》第七卷)——原注

〔1〕 莱格古斯,传说中公元前8世纪的斯巴达国王,著名立法者。他用平分土地的方法来消除等级和党派的对立以及人民内部的贫富差距。——译注

已经出现了小集团，就要像梭伦[1]、努马[2]和塞尔维乌斯[3]所做的那样，大量增加这些小集团的数量，以此来防止它们之间的不均衡。要使公共意愿得到彰显，要想让人民永远不犯错，这些防范措施是唯一的好办法。

---

[1] 梭伦（约公元前640—前558），生于雅典，古希腊时期的改革家、政治家、立法者和诗人，古希腊七贤之一。他曾担任雅典城邦的执政官，期间进行了一系列改革，史称“梭伦改革”。他曾将雅典公民按照财富多少划分为四个等级，各等级的政治权利依其财力大小而有所差异。——译注

[2] 努马（公元前753—前673），罗马王政时期的第二任国王。他把罗马公民按照其所从事的职业划分到各个团体中。——译注

[3] 塞尔维乌斯，罗马国王，于公元前578年到公元前534年执政。此间，塞尔维乌斯推行改革，按财产多寡把公民划分为五个等级，并确定其相应的权利和义务。——译注

第四章

论主权权力的界限

如果国家或城邦只是道德上的人，其生命在于成员的结合，如果它最关心的是保护自己，那么，它必须具有一种普遍的和强制性的力量，以此来按照对整体最有利的方式安排和支配每个部分。正如大自然赋予每个人控制自己身体各部位的绝对权力一样，社会契约也赋予政治体对其所有成员的绝对权力。这种权力，正如我已经说过的，[1]在公共意愿的指导下，获得了“主权”这个名称。

然而，除了公共人格外，我们还得研究构成公共人格的个人，他们的生命和自由天然地独立于公共人格。因此，我们必

〔1〕 参见本书第一卷第六章、第七章。——译注

须明确区分公民的权利和主权体的权利①。对于公民而言，要区分其作为臣民应尽的义务和作为人应享有的自然权利。

我们承认，个人通过社会契约转让出去的权利、财产和自由，只是对共同体至关重要的那部分；但也要承认，唯有主权体才能判定什么是重要的。

只要主权体提出要求，公民就应竭尽全力为国效力。但是，主权体不应对其臣民施加对共同体毫无用处的负担，甚至都不应该有这种想法。因为，根据理性法则和自然法则，做任何事都不能没有原因。

把我们和社会共同体联系在一起的那些义务是强制性的，因为它们是互惠的。它们的本质是这样的：每个人在履行这些义务时，既为他人服务也为自己服务。为什么公共意愿总是正确的，并且所有人总是希望每个人都幸福？这是因为，人人都认为，“每个人”就是自己，人们在为全体投票时想着的是自己。这表明，权利的平等以及由此产生的正义观念，源于每个人对自己的偏爱，也就是源于人的本性。这也就证明了，公共意愿要做到名副其实，必须在目标和本质上都具有普

① 细心的读者，请不要急于指责此处论述中的自相矛盾。由于语言的匮乏，我无法避免用词方面的矛盾。请耐心等待。——原注

遍性;它必须既来自所有人,又适用于所有人。而当它倾向于个别的、特定的目标时,就会丧失其天然的公正性,因为在这种情况下,我们评判的是陌生的东西,没有真正公平的原则来指导我们。

事实上,如果特定的事实或权利未被纳入已有的公约,就会出现争议。在这场争诉中,一方是当事的个人,另一方是公众,但我从中既看不到应遵循的法律,也看不出谁是作出裁决的法官。在这种情况下,如果让公共意愿作出决断,显然是荒谬的,因为公共意愿只是一方的结论,对另一方来说,它是外部的、个别的意愿,它会导致不公正,会出现错误。因此,正如个别意愿不能代表公共意愿一样,公共意愿如果带有个别的目的,其性质就会发生改变,就不再是公共意愿,也就不能对人或对事作出公正的决断了。例如,当雅典人民任命或罢免首领时,在对某人授予荣誉或施加惩罚时,在根据种种个别的法令行使政府的各项职能时,公共意愿也就名不副实了,人民不是作为主权体行事,而是作为行政官行事了。这似乎与通常的观点相悖,但请给我些时间来阐述自己的观点。[1]

由此可见,使一种意愿成为公共意愿的,不是投票者的数

〔1〕 参见本书第三卷第十七章、第四卷第三章。——译注

量，而是把人们联合起来的共同利益。因为，在这一体系中，每个人都必须服从自己强加给其他人的条件。这种利益与正义的完美统一，使公众的审议具有公平性。而在讨论个别事项时，由于没有将法官的准则与当事方的准则统一起来的共同利益，这种公平性也就不存在了。

无论从哪方面来探讨这一原则，我们都会得出同样的结论，即社会契约在公民之间建立起一种平等，人们要遵守同样的规则，并能享有同样的权利。因此，从契约的本质来看，一切主权行为，即所有真正出于公共意愿的行为，都平等地约束和惠及全体公民。由此，主权体只承认国家这个主体，并平等地对待构成国家的所有个人。那么，确切地说，什么是主权行为？它不是上级和下级之间的约定，而是共同体和每个成员之间的约定。它是合法的，因为它以社会契约为基础；它是公平的，因为它对所有人都一视同仁；它是实用的，因为它以公共利益为唯一目标；它是稳固的，因为它有公共力量和最高权力做保障。只要公民遵守这一约定，他们就只须服从自己的意愿，而不受制于任何其他人。至于主权体和公民各自的权利能达到什么程度，那就要看公民对自己本身——每个人对所有人、所有人对每个人——能作出什么承诺。

这表明，尽管主权权力是绝对的、神圣的和不可侵犯的，但它却没有超越也不能超越公共约定的界限,每个人都可以自由支配依据公共约定获得的财产和自由。由此可见,主权体无权让某个臣民承担比其他臣民更重的负担,因为那样一来,事情就变成了个别的情况,就超越了主权体的权限范围。

如果我们认可这些区别,那么,关于个人由于社会契约会有所失的看法就是错误的。人们发现,社会契约确实会使自己所处的境况好于从前。他们没有失去什么,而是做了一桩有利的交易:用动荡不安的生活换取了稳定美好的生活;用自由换取了天然的独立;用伤害他人的强力换取了自己的安全;用可能被他人战胜的力量换取了社会联合保障自己不被侵犯的权利。他们把生命献给了国家,自己也一直受到国家的保护。当他们冒着风险保卫国家时,不就是在回报国家吗?这种为保卫自己的生命而不可避免要冒险去做的事,他们在自然状态下也会去做,而且会做得更频繁,危险更大。的确,当国家需要时,所有人都必须战斗,但同时人们也就没必要为自己战斗了。为了自己的安全,我们需要冒一些风险,但是,我们一旦丧失这种安全,就要冒更大的风险,相较之下,难道我们没有从中获益吗?

第五章

论生死权

有人会问,既然个人没有处置自己的生命的权利,那他怎能把这种自己不拥有的权利转让给主权体呢?在我看来,这个问题之所以很难回答,是因为它的提法不对。每个人都有为保护自己的生命而冒险的权利。如果有人为了从火灾中逃生而从窗户上跳下来,难道要说他犯了自杀罪吗?如果有人出海时在暴风雨中丧生,难道要指控他犯了不顾风险的罪行吗?

社会契约的目的是维护缔约各方的利益。谁想要达到目的,谁就要拥有相应的手段,而这些手段与某些风险甚至损失是分不开的。如果一个人想要依赖他人来保全自己的生命,那他在必要时也要为他人献出自己的生命。而且,公民不能自行判定法律要求他冒什么风险。如果君主对他说:“你应该为国献身。”那他就要献身。因为,正是依此条件,他才一直生活在安全之中,他的生命不仅是大自然的馈赠,而且也是国家有条件的恩赐。

对罪犯处以死刑,也可以从同样的角度来解释。为了不让自己的性命断送在杀人犯手中,人们都同意,如果自己杀了人,就要被处死。在这个约定中,人们并不是要放弃自己的生命,而是想要保住性命,没有哪个缔约者会在订约时就预想着自己要被绞死。

另外,行凶作恶之人由于侵犯了社会权利,因而就成了国家的叛乱者。他违反了国家的法律,所以就不再是国家的成员了,他甚至是在向国家宣战。在这种情况下,国家的生存与他的生存是不相容的,二者必有一死。在将罪犯处死时,我们杀死的不是公民,而是敌人。审理和判决已证明并宣告,他破坏了社会契约,因此不再是国家的成员。而且,既然他因为生活在该国境内而成为国家的一员,那他就应该被作为契约的违反者流放,或者被作为公敌处死。因为,这样的敌人已不再是道德上的人,而只是单独的个体罢了。在这种情况下,可以适用战争中杀死被征服者的权利来处死他。

然而,有人会说,惩罚罪犯只是个别行为。的确如此,这不是主权体的职权,主权体不能行使这种权利,只能委托他人行使。我所有的观点都是前后贯通的,只是我无法一下子全都阐述清楚。

再者,频繁的惩罚历来都是政府软弱和无能的表现。任何一个坏人,都能在某一方面成为有用之人。如果不杀死某人并不会带来什么危险,那么,即使是为了以儆效尤,国家也不应该处死这个人。

对于由法官宣判有罪之人,对其赦免或减刑的权利,只属于凌驾于法官和法律之上的权威,即主权体。不过,主权体在这个问题上的权利并不是很明确,而且行使该权利的场合也非常少。在一个治理良好的国家,少有刑罚,并不是因为经常有赦免,而是因为罪犯很少。只有在国家日趋衰败时,犯罪才会增多,这时才会出现罪犯不受惩罚的情况。在罗马共和国时期,元老院和执政官都没有行使过赦免权。而且,人民虽然有时会撤销自己的判决,但却从未赦免过罪犯。频繁的赦免意味着犯罪很快就不再需要被赦免了,其后果是显而易见的。但此时,我心中充满不满,这使我不得不停笔。让我们把这些问题留给那些正义之士去讨论吧,他们从未犯过错误,也就永远不需要被赦免。

第六章

论法律

社会契约使政治共同体得以生存并有了生命。我们现在要做的是,通过立法使共同体行动起来并具有意志,因为,使共同体得以形成和巩固的原始行为并不能决定,为了保全自己它该做些什么。

让事物变得美好和符合秩序的,是事物的本性,与人类的契约无关。一切正义都来自上帝,唯有上帝才是正义的根源。然而,如果我们知道如何从这崇高的来源中汲取正义,我们就不需要政府和法律了。毫无疑问,那种源于理性的普遍的正义是存在的。但这种正义要得到我们的认同,它就必须是互惠的。从人类的角度出发,如果没有天然的制裁,正义的法律在人间便是空谈。如果正直的人遵守法律,但其他人却不遵守,那么,正义的法律就会让坏人得到好处,并让好人遭殃。

因此,需要用契约和法律把权利和义务结合起来,让正义得以伸张。在自然状态下,所有的东西都是公共的,对于那些我没有许下任何承诺的人,我什么都不欠;只有那些对我没用的东西,我才承认是属于别人的。但在社会状态下,情况就不同了,因为所有的权利都是由法律规定的。

然而,法律究竟是什么?如果仅仅从形而上学的角度来探讨,我们就会始终百思不得其解;即使能够解释什么是自然的法则,我们也还是无法弄清楚,什么是国家的法律。

我已经说过,[1]不存在针对某一个别对象的公共意愿。这种个别对象不是在国家内部,就是在国家的外部。如果它在国家外部,那么对国家而言,这种外在意愿就不能成为公共意愿。如果它在国家内部,那它便是国家的一部分。在这种情况下,整体和这一部分之间就是两个独立的存在,这一部分是其中的一个,从整体中去除了这一部分,剩下的则是另一个。但是,整体少了这一部分就不再是整体了。如果这种关系持续存在,就不可能有整体,而只有两个不相等的部分。由此可见,一个部分的意愿对于另一部分来说,绝不是公共意愿。

〔1〕 参见本书第二卷第四章。——译注

但是，当全体人民为全体人民颁布法令时，他们考虑的只是自己。如果此时形成了某种关系的话，那也是整个对象的两个方面之间的关系，而整体并未被分割。在这种情况下，制定法律的意愿是普遍的，法律所针对的对象也是普遍的。这种规定，就是我所说的法律。

我说法律的对象是普遍的，意思是，法律考虑的是全体人民和抽象的行为，而不是特定的人和具体的行为。因此，法律可以规定特权，但不能将特权指名道姓地授予某人；法律可以规定公民的等级，甚至可以规定各个等级的成员资格，但它不能指定某人属于某个等级；法律可以确立君主制政府和世袭制度，但它不能指定国王和王室家族。总而言之，一切针对个别对象的职能，都不属于立法权的范畴。

根据这种观点，我们立刻就能看出，不必问制定法律是谁的事，因为法律反映的是公共意愿；不必问君主是否凌驾于法律之上，因为君主也是国家的一员；不必问法律是否会不公正，因为没有人会对自己不公正；更不必问，我们怎能既自由又受制于法律，因为法律所记录的正是我们的意愿。

我们还可以看出，由于法律将意愿的普遍性与对象的普遍性结合起来，因此，任何人，无论他是谁，出于自己的意愿所下的命令都不能成为法律。即使是主权体，若它对某一个别对象发出了命令，那也不是法律，而只是行政命令；那不是主权行为，而是行政行为。

因此，对于一切依据法律治理的国家，无论采取何种行政管理形式，我都称其为“共和国”。因为只有在这样的国家，公共利益才是主导，“公共”才是实实在在的。合法的政府都是共和制①的，对于什么是政府，我将在后面解释。[1]

确切地说，法律只不过是公民联合在一起的条件。人民既要服从法律，也应该是法律的制定者。结成社会的条件，只能由聚在一起组成社会的人来规定。然而，他们该怎样来规定这些条件呢？是根据共同的协议还是通过突发的灵感？政治共同体是否有表达自己意愿的机构？谁能让共同体有先见之明，使其可以事先拟定并宣布法令？还有，在需要的时候，如何宣布这些法令？盲目的民众往往不知道自己想要什么，因为关于什么是对自己有利的，他们知道的少之又少，那么，他们又怎能完成立法这项伟大又艰巨的事业呢？就人民本身

---

① 我认为“共和制”这个词的意思，不仅是指贵族制或民主制，而是普遍地包括所有按照公共意愿也就是法律治理的政府。政府若要成为合法的，就不能和主权体混为一谈，而应该是主权体意愿的执行者。这样，君主制也是共和制。这一点我会下一卷中阐明。——原注

[1] 参见本书第三卷第一章。——译注

来说,他们总是希望得到于己有利的东西,但他们并不一定总能弄清楚什么是对自己有利的。公共意愿总是正确的,但指导它的判断力并不总是明智的。因此,要让它看到事物的本来面目,有时还要让它看到事物呈现的假象;要为它指明正确的道路,使它不受个别意愿的诱惑;要让它看清时间和地点,能够权衡眼前的利益和未来的隐患。个人看到了利益却拒绝了它,公众希望得到利益却看不到它,二者都需要引导。对个人来说,要让自己的意愿符合自己的理性;对于公众来说,要弄清楚自己的意愿是什么。如果做到了这一点,公众的智慧就会使理性和意愿在社会共同体中结合起来,各部分就能密切协作,整体的力量就能得到最大的发挥。由此,就必须要有立法者了。

第七章

论立法者

要找到适合各国的最佳社会规则,需要一种卓越的智慧,它要能洞察人类的所有情感但又不会卷入其中。这种智慧与人类的本性没有任何关系,但却又对其了如指掌;它的幸福与我们的幸福无关,但它却愿意为我们着想;最终,它会在时间的长河中期待遥远的荣耀,它可以在这个时代劳作,而甘愿在下一个时代享受收获的果实。① 能为人类制定法律的,只有神明。

关于政治人物和君主,卡里古拉从事实的角度出发做过

① 一个民族只有在其立法开始衰落时才会出名。谁也不知道,在莱格古斯的制度让斯巴达人幸福了多少世纪之后,希腊其他地方才开始关注斯巴达人。——原注

论证,而柏拉图在其著作《政治篇》中,从权利的角度做过同样的论述。然而,如果说伟大的君主是罕见的,那么伟大的立法者岂不是更为罕见?君主所要做的只是遵循立法者提出的模式。如果说立法者是发明机器的工程师,那君主只不过是组装机器并使其运转的机械师罢了。孟德斯鸠说:“在社会诞生之初,是共和国的统治者创设了制度,而此后,则是由制度来塑造统治者了。”[1]

可以说,敢于为人民创建制度的人,应该自信能够改变人性。他要能够把每个完整而又孤立的个体转化成整体的一部分,使个体在某种程度上从整体中获得自己的生命和存在;他要能够改变人的素质,使之得以增强;他要能够用作为整体的一部分的、道德上的存在取代独立的、自然天赋的存在。总而言之,他要去除一个人原有的力量,并赋予其新的、外来的、需要借助他人帮助才能运用的力量。那些天然的力量被去除得越彻底,所获得的新力量就越大、越持久,新的制度也就越稳固、越完美。因此,如果一个公民脱离了集体就什么都不是,就一事无成,如果整体的力量等于或大于所有个人的自然力量的总和,那我们就可以说,立法已经达到了完美的程度了。

---

〔1〕 参见孟德斯鸠:《罗马盛衰原因论》,第一章。——译注

从各方面来看，立法者都是国家中的非凡人物。这不仅体现在他的才华上，还体现在他所担任的职务上。这一职务既不是行政方面的，也不是主权方面的。这个职务创建了国家，但却不属于国家的组织机构。这是一种独特的、高级的职务，它与人的统治权毫无共同之处。因为，如果治人者无权立法，那立法者也就不能治人。否则，法律就会受立法者感情的支配，就产生不公正，这样，立法者的个人意见必定会损害神圣的立法事业。

莱格古斯为自己的国家制定法律时，是先退去了王位才开始立法的。大多数希腊城邦习惯于让外邦人为自己制定法律。现今意大利的各共和国常常效仿这一做法。日内瓦共和国也是如此，而且效果很好①。在罗马的鼎盛时期，由于立法权和主权集中在同一群人手中，国家遭遇了暴政的种种罪恶，最终走到了亡国的边缘。

然而，十人会议〔1〕本身从未宣称，仅凭他们自己的权威

---

① 有些人只知道加尔文是一位神学家，而不了解他非凡的才能。在我们贤明的法律的制定中，他发挥了很大作用，这给他带来的荣誉丝毫不亚于他的著作《原理》。无论时间的推移会使我们的宗教发生什么样的革命，只要对祖国和自由的热爱存在于我们之中，我们就永远不会忘记这位伟人的恩泽。——原注

〔1〕 指罗马的十人会议。——译注

就可以制定法律。他们对人民说:“我们向你们提出的任何建议,未经你们同意都不能成为法律。罗马人,请你们自己制定法律,让这些法律为你们带来幸福。”

可见,制定法律的人没有也不应该有立法权,而人民即使愿意,也不能放弃这一不可转让的权利。因为,根据社会契约,只有公共意愿才能约束个人,个别意愿是否符合公共意愿,必须经过全民自由投票表决才能确定。这一点我以前说过,[1]但还是有必要重申一下。

于是,我们发现有两样东西在立法工作中似乎是不相容的:人力无法应对的事业和形同无物的权威。

还有一个值得关注的问题。智者如果用自己的语言而不用通俗的语言对普通人说话,人们通常是听不懂的。可是,许多思想无法用大众的语言表述。过于笼统的概念和太过遥远的目标,都是普通人无法理解的。对于政府的规划,每个人只关心与自己切身利益相关的部分;他们很难理解,良好的法律在要求他们放弃私利的同时,也会给他们带来好处。要使新生的民族能够理解健全的政治理论原则并遵守国家的基本规则,就要倒置因果关系:本应是社会制度的产物的社会精神转

〔1〕 参见本书第二卷第一章、第五章。——译注

而凌驾于制度之上,并且在法律出现之前,就要使人们成为有法律约束才能成为的那种样子。这样,立法者既不能诉诸武力,也不能用说理的方法,而应借助于另一种权威,这种权威无须使用暴力就能约束人,无须劝说就能使人服从。

正因如此,历代的开国者都会求助于神灵,把自己的智慧说成是神的意旨。这样,人民就会像服从自然法则那样遵守国家的法律,人们就会认可,创造城邦的力量也正是创造人类的力量,于是也就会自觉和顺从地承担起维护公共利益的责任。

借助这种远远超出普通人理解力的崇高的道理,立法者把自己的决定假托不朽的神明之口说出,这样就可以用神的权威来约束那些无法被人类的智慧所撼动的人①。但是,不是人人都能让神发话,也不是任何自称传达神谕的人都能让人信服。立法者的伟大灵魂才是彰显其使命的神奇所在。谁都能雕刻石碑,或购买神谕,或假装与神灵秘密沟通,或训练一只鸟在自己耳边低语,或用其他低劣粗俗的方法来蒙蔽他

① 马基雅维利说:"事实上,任何民族中都不存在不向上帝求助的非凡的立法者,否则,法律就不会被人们所接受。智者可能知道许多实实在在的真理,但他们自己却无法明确地证明这些真理,也就不能让他人信服。"(《李维论》,第一卷第十一章)——原注

人。玩这种伎俩的人或许能纠集一帮愚民,但他永远不能创建一个帝国,他这种荒唐的把戏很快会和他一起消亡。这种骗人的招数只能维持短暂的聚合,唯有智慧才能使一种结合经久不衰。流传至今的犹太法律,以及十个世纪以来一直治着半个世界的以实玛利人[1]后嗣的法律,现在仍然彰显着其立法者的伟大。傲慢的哲学[2]和盲目的宗派思想认为这些人不过是幸运的骗子,但真正的政治家会赞美那些伟大而卓越的天才,正是这些天才创建了制度并使国家长治久安。

不过,我们不应该由此得出同沃伯顿[3]一样的结论,不能说政治和宗教有共同的目标。我们应当说,在国家创建之初,宗教是政治的工具。

[1] 以实玛利人,传说中阿拉伯人的祖先。——译注

[2] 此处暗指伏尔泰的悲剧《穆罕默德》中的观点,在此剧中,伏尔泰把穆罕默德称为骗子。——译注

[3] 沃伯顿,即威廉·沃伯顿(1698—1779),英国高级教士、神学家。此处卢梭所指来自沃伯顿的著作《宗教与国家的联盟》。——译注

第八章

论人民

在建造大厦之前，建筑师要勘察和测试土地，看它是否能承受大厦的重量。同样，明智的立法者绝不会一开始就着手制定良好的法律，而是要先研究一下，法律所针对的人民能否接受这些法律。柏拉图拒绝为阿卡迪亚[1]人和昔兰尼[2]人制定法律，因为他知道，这两个民族很富有而不能容忍平等。克里特岛有好的法律，却也有坏的人民，因为米诺斯[3]统治的是邪恶的臣民。

[1] 阿卡迪亚，也称乌托邦，古希腊的一个城邦，与希腊大陆的其他部分隔绝，位于伯罗奔尼撒半岛。——译注

[2] 昔兰尼，古希腊的殖民地，位于非洲北部。——译注

[3] 米诺斯，希腊神话中的克里特之王，宙斯之子，以严明的法治而著称。——译注

世界上曾有许多民族,虽然没有良好的法律,但却也能显赫一时。还有些民族,虽然接受了良好的法律,但也只能在短期内遵从这些法律。大多数民族,像大多数人一样,只在年轻时是顺从的,随着年龄的增长,逐渐变得顽固不化。习俗一旦形成,偏见一旦生根,想要改变它们就是徒劳的冒险。就像愚蠢而懦弱的病人看到医生就会发抖一样,人民也无法容忍别人下手纠正他们的缺点。

某些疾病会搅乱人的头脑,使人失去记忆,同样,在国家的历史上有时会出现动荡时代,这对人民的影响就像疾病对个人的影响一样。此时,人民不是忘记了过去,而是对过去感到恐惧。饱经内战洗礼的国家可以说是获得了新生,在挣脱了死亡之手后又恢复了青春的活力。莱格古斯时代的斯巴达和塔尔干王朝〔1〕之后的罗马都是这样的;在现代,驱逐了暴君的荷兰和瑞士也是这样的。〔2〕

但这种事件是罕见的,是例外情况,这些国家的特殊制度可以解释其中的原因。这种例外甚至都不会在同一个民族中

〔1〕 塔尔干王朝(公元前616—前509),罗马成为共和国之前的王朝。——译注

〔2〕 荷兰于16世纪初开始受西班牙统治。1568年爆发反抗西班牙统治的战争,1648年西班牙正式承认荷兰独立。瑞士原受神圣罗马帝国的统治,1499年与神圣罗马帝国交战并取得胜利后,获得独立。——译注

出现第二次。因为,一个民族,只有在未开化时才能获得自由,而在社会的活力耗尽时,就不再能这样了。那时,动乱会摧毁一个民族,革命也无力挽回。一旦身上的枷锁被打破,人民就成了一盘散沙,民族也就不复存在了。因此,人民需要的是主人,而不是解放者。自由的人民啊,请记住这句格言:“自由可以获得,但却无法失而复得。”

青春不是幼年。国家和人一样,都有青春时期,或者可以说是成熟时期,必须等到这个时期,才能使之服从法律。不过,一个民族的成熟期往往并不容易识别,操之过急的话,立法事业就会失败。有的民族生来就能接受法律的约束,而有的民族经历十个世纪后也还是不能。俄国永远不会成为真正开化的国家,因为它开化得太早了。彼得大帝[1]有模仿的天资,但他不是真正的天才,不具备白手起家的、创造性的才能。他做的事有些是正确的,但大部分都是不合时宜的。他知道自己的人民是野蛮的,但却没有认识到,他们尚未成熟到可以被开化的程度。在人民还需要受磨炼的时候,他却想开化他们。他本应把自己的人民培养成俄国人本来的样子,但他却

〔1〕 彼得大帝,即彼得一世·阿列克谢耶维奇(1672—1725),俄罗斯罗曼诺夫王朝第五位沙皇、俄罗斯帝国首位皇帝,后世称其为彼得大帝,是俄罗斯历史上仅有的两位“大帝”之一。——译注

想把他们改造成德国人或英国人。他说服人民相信他们是自己所不是的样子,这使得他们无法成为自己本来应该是的样子。这就像是有的法国老师把学生在孩童时培养得出类拔萃,但这些学生长大后却一事无成。沙皇俄国企图征服欧洲,最终被征服的却是它自己。被它视为臣民的邻国人民鞑靼人,将会成为它的主人和我们的主人。我认为,这场革命是不可避免的。事实上,欧洲所有的国王都在同心协力地加速革命的到来。

第九章

论人民（续一）

大自然确定了正常人的身高范围，在此范围之外，就会出现巨人或侏儒。同样的道理，一个体制优良的国家，其疆域就要有一定的限度，既不能过大而难以管理，也不能过小而难以为继。每个政治体都有一个不可超越的最大强度，过度的扩张往往会使其偏离这一极限。社会纽带延伸得越长，就会越松弛；一般来说，在比例方面，小国优于大国。

有很多理由可以证明上述说法。首先，距离越远，行政管理越困难。这就像杠杆越长，末端的重物越难被抬起一样，行政级别越多，行政管理的负担就越重。每个城市都有自己的行政机关，其费用要由人民承担；每个地区也都有自己的行政机关，这仍然由人民承担；再往上是各个省，然后是大区政府、总督府和王侯府，级别越高，花费就越多，而且这些费用都要由可怜的人民来承担。最后,还有一个足以压垮一切的最高行政机构。这些超重的负担,不断地压迫着人民。而且,这些层层等级的行政机构并没有把国家治理得更好,反而比只有一个机构时治理得差。与此同时,人们基本没有余力来应付紧急情况,一旦发生不测,国家就会濒临灭亡。

不仅如此,在执行法律、防止暴乱、制止权力滥用、防范偏远地区的叛乱等方面,政府的精力和效率都大打折扣。而且,人民对从未谋面的统治者,对广阔无边的祖国,对陌生的同胞也都缺乏感情。对各个省份适用同样的法律,这是不可能的,因为它们风俗不同、气候迥异,也不能接受同一种政府形式。但如果对其适用不同的法律,这又会在人民之间产生纠纷和混乱;这是因为,这些人民受同一首领的统治,彼此之间交流频繁,经常互通有无,还会通婚,如果要遵守不同的规则,他们就永远都弄不明白,什么才是自己的习俗。在这样一群互不相识、靠最高行政权聚集在一起的人中,才智会被埋没,美德会被漠视,罪恶也得不到应有的惩罚。执政者会不堪重负,无法亲自理政,国家只能交给臣僚打理。最终,地方官吏们会想方设法逃避或滥用公共权威,而政府不得不忙于维护公共权威。这使政府精疲力竭,无暇顾及人民的幸福,甚至在紧要关头都无力保护人民。就这样,一个过于庞大的体制就会在自身的重压下破裂和毁灭。

另外,一个国家需要一个可靠的根基,这样它才能保持稳定,才能抵御不可避免的动荡,才能保护自己。因为,所有的民族都有一种离心力,就像笛卡尔所说的旋涡[1]一样,人们摩擦不断,都想损害邻人来扩张自己。这样,弱者可能很快被吞噬;除非大家能达到一种平衡状态,使各方受到的压力大致相等,否则,任何一个国家都不能保全自己。

因此,我们可以看到,扩张和收缩都是有道理的。要想在这两者之间找到保全国家的最佳比例,需要优秀的政治才能。可以说,扩张是外在的、相对的,而收缩则是内在的、绝对的,扩张从属于收缩。建立强健的体制是我们的首要目标,良好的政府产生的力量要比大片领土提供的资源更为可靠。

此外,有些国家的体制本身就包含着征服的必要性,为了生存,它们被迫不断地扩张。也许它们会为这种必要性而沾沾自喜,但殊不知这种必要性也预示着,当鼎盛之时到来,衰落也就不可避免了。

---

[1] 笛卡尔(1596—1650),法国哲学家、物理学家、数学家、生理学家,解析几何的创始人。在其著作《论世界》中,笛卡尔提出了旋涡说。这一学说认为,太阳周围存在一个巨大的旋涡,宇宙的一切物质都处于统一的旋涡运动中。——译注

第十章

论人民（续二）

我们可以用两种方式来衡量一个政治体：领土面积和人口数量。一个国家要强大，这两者的比例关系就要恰当。人构成了国家，土地养活了人。因此，正确的关系是，有足够多的土地养活居民，而居民的数量也正是土地所能供养的那么多。只有这种比例关系合适，一定数量的居民才能产生最大的力量。因为，如果土地太多，防卫就会困难，耕种就会不充分，生产就会过剩，这就会引起防御性战争；如果土地不足，国家就要从邻国寻求补给，这就会引起侵略性战争。一个只能在商业和战争之间作出选择的民族，本身就是脆弱的，因为它依赖于邻国，受制于局势，必然难以安定，也不能长久。也就是说，它要么征服别人以改变自己的处境，要么被他人征服而不复存在；它只有靠收缩或扩张才能保有自由。

领土面积和人口数量之间的确切比例关系是无法计算的。这既是因为土地质量、肥沃程度、物产种类和气候条件有差异,也是因为居民的情况各不相同。比如,有些人居住在肥沃的土地上但却消耗很少,而有些人居住在贫瘠的土地上却消耗甚多。另外,立法者还要考虑妇女生育能力的强弱、国土对人口增长有利和不利的条件以及预期的立法效果。因此,立法者不应该根据所见到的而应该根据所预见的作出判断,不要仅看到当下的人口状况,还要考虑人口的自然发展。此外,在很多时候,当地的特殊状况迫使或允许人们获得多于实际所需的土地。比如,在多山的国家,人们居住得比较分散,因为那里的土地是树林和牧场,自然物产丰富,不需要太多的劳作,而且经验表明,那里的妇女比平原地区的妇女生育能力强,还有,那里山坡陡峭,可供耕种的平地很少。相反,沿海地区的国家布局紧凑,人们甚至可以居住在寸草不生的礁石区和几乎荒芜的沙滩上,因为在那里,渔业可以大量弥补陆地产出的不足,而且居民需要聚集在一起以抵御海盗,还有,国家可以通过殖民的方式消化过剩的人口。

要建章立制,除了上述条件外,还必须加上另一条,这个条件虽然不能取代其他条件,但如果没有这个条件,其他条件都毫无用处。这个条件是:享有和平与富足。因为国家建立之初,就像军队组建之时一样,正是抵抗力最差、最容易被摧毁的时期。一个国家,即使在极其混乱时,也要比在酝酿建立时抵抗力强,因为在酝酿时期,人们都只顾自己的利益,不会去关注公共的危机;如果在这个关键时刻突发战争、饥荒或叛乱,国家必然会被推翻。

当然,也有一些政府是在这种动荡时期建立起来的。但事实上,正是这些政府毁灭了自己的国家。篡夺者总是制造混乱或者选择混乱的时期,利用公众的恐慌颁行破坏性的法律,而这些法律是人民在冷静时绝不会接受的。要分辨立法者的工作和暴君的工作,最可靠的标准之一就是立法的时机。

那么,对于什么样的人民,可以为之立法呢?是这样的:他们已经被共同的起源、利益或约定联合在一起,但还没有真正受到法律的约束;在他们之中没有形成习俗和根深蒂固的迷信;他们不畏惧邻国的突然入侵,也不参与邻国间的纷争;他们能够单枪匹马地抵御邻国,或借助一国之力对付另一国;他们中人人彼此相识,而且任何人都不会被强迫承担自己无法承受的重担;他们无须依靠其他民族也能生存,而且其他民族也不依赖他们[①];他们既不富裕也不贫穷,能够自给自足;最后,他们兼有古老民族的坚韧和新生民族的温顺。立法之艰难,不在于立新,而在于破旧。其成功之所以罕见,原因在于无法将天然的质朴与社会的需求结合起来。的确,这些条件很难齐备,因此,体制优良的国家也就很少见了。

欧洲却还有一个可以为之立法的国家,那就是科西嘉岛〔1〕。这个勇敢的民族恢复和捍卫自由的勇气和毅力,值得智者去教它如何保全自由。我有一种预感,这个小岛总有一天会震惊整个欧洲的。

① 如果两个邻国,一个离开另一个就无法生存,那么,这种局面对前者来说是非常艰难的,而对后者来说则是非常危险的。在这种情况下,任何一个明智的国家都会尽快摆脱对另一个国家的依赖。斯拉斯加拉共和国处于墨西哥帝国的境内,那里的人民宁可不吃盐,也不向墨西哥人购买食盐,甚至都不接受墨西哥人赠予的食盐。斯拉斯加拉人很聪明,看出了隐藏在这种慷慨下的陷阱。他们保住了自由,而且最终,这个被封闭在大帝国中的小国成了毁灭那个大国的工具。——原注

〔1〕 科西嘉岛,原属热那亚,1729 年发生了反对热那亚人的叛乱。卢梭写作本书时,这场叛乱正在进行中。后来,岛上人民赶走了热那亚人,建立了独立政府。1769 年,科西嘉岛被并入法国。——译注

第十一章

论各种立法体系

如果要探究,什么是所有人的最大利益——这也是一切立法体系的目标,我们会发现,它可以归结为两个主要方面,即“自由”和“平等”。自由,是因为对个人的约束意味着削弱国家的力量;平等,是因为没有它,自由就无法存在。

关于公民的自由,前面已经说过了。[1] 至于平等,我们不应该理解为,每个人的权力和财富都是绝对相等的。应该说,权力不应发展成暴力,而应始终依据威望和法律来行使。在财富方面,任何一个公民都不应富裕到能够购买他人,也不应贫穷到被迫出卖自己①。这意味着,大人物要

---

〔1〕 参见本书第一卷第八章。——译注

① 要想使国家稳定,就要使这两个极端尽量接近;既不要有富豪,也不要有乞丐。这两个等级天然地难以分离,对公共幸福都同样有害。一个会支持暴政,另一个会产生暴君。公共自由在二者之间被买卖,一个购买,另一个出卖。——原注

在财富和权势方面有所节制，而普通人则要克制自己的贪婪和物欲。

有人说，这种平等是不切实际的幻想，在现实中不可能存在。但是，如果滥用权力是无法避免的，难道我们就不应该采取措施加以纠正吗？正是因为现实环境总是会破坏平等，法律才应该始终维护平等。

但是，对于良好制度的一般目标，各个国家都应根据当地的情况和居民的特性加以修改。一国在此基础上确立的制度，也许本身不是最好的，但对于该国却是最好的。例如，如果土壤贫瘠而产出少，或者国土对居民来说过于狭小，那就应该转向工业和手工业，以这些行业的产出换取缺少的食粮。如果相反，一个民族居住在富饶的平原和肥沃的山坡上，或者有优良的土地却缺少居民，那就应该全心全意发展农业，因为农业能使人口增长，还要放弃手工业，因为手工业会把有限的居民集中在少数几个地方，会造成人口减少①。如果居住在广阔而便利的海岸线上，那就让船舶布满海面，发展商业和航运，这样就能获得短暂却辉煌的文明。如果人们生活的

① 阿冉松侯爵说："任何对外贸易，都只能为国家带来虚假的好处。它可能会使一些人甚至一些城镇富裕起来，但整个国家却一无所获，人民的状况也不会得到改善。"——原注

海岸上，那里只有被海水冲刷而无法攀越的礁石，那就安心做野蛮的渔人，这样就能过上平静、美好，当然也很快乐的生活。总而言之，除了那些放之四海而皆准的原则外，每个民族都有自己的特点，都可以按照特有的方式安排自己的制度，并实施适合自己的法律。正因为如此，古代的犹太人和近代的阿拉伯人选择宗教作为自己的目标，雅典人选择了文学，迦太基[1]和梯尔[2]选择了商业，罗德岛[3]选择了航运，斯巴达选择了战争，罗马选择了美德。《论法的精神》一书的作者用无数示例表明，立法者是以何种巧妙的方法将立法引向这些目标的。

要使一个国家的体制能真正稳固和持久，就要因地制宜，让法律与自然的关系在每一点上都协调一致，让法律保障、伴随和矫正自然关系。但是，如果立法者弄错了自己的目标，采用了不符合事物本性的原则，使得一方趋向于奴役，而另一方追求自由，或者一方追求财富，而另一方关注人口增长，或者

---

〔1〕 迦太基，古国名。古代腓尼基人建立的国家，存在于公元前8世纪至公元前146年，位于今天的突尼斯北部。作为西地中海的贸易中心，迦太基的经商收入颇丰。——译注

〔2〕 梯尔，古腓尼基一地名，以商业繁荣著称。——译注

〔3〕 罗德岛，位于爱琴海和地中海的交界处，重要的商业中心。——译注

一方追求和平，而另一方倾向于征服，那么，法律就会在不知不觉中被削弱，体制就会改变，国家就会永无宁日并走向灭亡或改旗易帜。最终，战无不胜的自然将重新取得统治权。

第十二章

论法律的分类

为了使一切都井然有序，或者说为了使国家处于最佳状态，需要考虑各种关系。首先就是整个共同体对自身的作用，即整体与整体的关系，或主权体与国家的关系。这种关系由整体中各部分之间的关系构成，这一点我们会在后面论述。

调整这种关系的法律被称为政治法律，如果制定得很好，也可以称之为基本法律。因为，如果一个国家只能有一种好的制度，那么拥有这种制度的人民就应该坚持它；但如果已有的制度不好，为什么还要把这种阻碍人民建立良好秩序的制度看作基本法律呢？此外，在任何情况下，无论自己的法律多么好，人民都可以改变它。因为，如果人民愿意伤害自己，谁又有权利阻止他们呢？

第二种关系是成员之间的关系，以及成员与整体的关系。

成员之间的关系越疏远越好,而成员与整体的关系则是越密切越好。这样,每个公民就能彼此独立,同时又会对国家非常依赖。这种结果总是通过同样的方式实现的,因为只有国家的强力才能保障其成员的自由。民法就产生于第二种关系。

我们还可以想到第三种关系,即个人与法律的关系,也就是违法与惩罚的关系。这就产生了刑法。从根本上说,刑法并不是一种特定的法律,而是违反其他法律的处罚规定。

除了这三种法律之外,还有第四种法律,也是最重要的法律。这种法律既不刻在大理石上,也不刻在铜板上,而是铭刻在公民的心中。它是国家真正的宪法。它每天都能获得新的力量,当其他法律衰落或消亡时,它可以恢复或取代这些法律。它能使民族精神得以存续,能在潜移默化中用习惯的力量取代权威的力量。我指的是道德和习俗,尤其是公众舆论。政治家并不熟悉这类法律,但其他法律的成功都依赖于它。伟大的立法者暗中都在关注这类法律,尽管表面上他们制定的只是具体的法规,但其实,具体的法规只是穹庐的支架,而慢慢形成的道德和习俗才是不可动摇的基石。

在这些不同种类的法律中,唯有决定政府形式的政治法律才与我要阐述的主题有关。

第三卷

第一章

政府总论

在讨论政府的各种形式的之前，我们先来明确一下“政府”这个词的含义，因为至今还没有对该词准确的解释。

我提请读者注意，请仔细阅读这一章。对于不愿认真去读的人，我是无法讲解清楚的。

一切自由的行为都是由两个因素共同促成的：一个是精神上的，即决定这一行为的意愿；另一个是身体上的，即实施这一行为的力量。当我走向一个目标时，首先我要有意愿去那里，其次是我的腿脚能够带我到那里去。如果一个瘫痪的人想要跑，或一个腿脚灵活的人不愿意跑，他们都只能原地不动。政治体也具有同样的动因，这些动因可以被分为意愿和力量。意愿被称为立法权，力量被称为行政权。如果没有这两者的共同作用，政治体什么都做不成，也什么都不应该去做。

我们已经知道,立法权属于人民,而且只能属于人民。另外,从前面确立的原则[1]中很容易就可以看出,行政权不能像立法权和主权权力那样属于全体人民。原因是,行政权由个别行为构成,这些个别行为超出了法律的范围,而且行政权也不属于主权体的权限,因为主权体的行为必须始终在法律范畴内。

因此,公共力量需要有一个合适的代理人将其结合起来,使其在公共意愿的指导下行动。这个代理人是国家和主权体之间的桥梁,能够把二者结合起来,就像把灵魂和肉体结合成为一个人一样。这就是国家需要有政府的原因。人们经常把政府与主权体混为一谈,这是完全错误的,其实政府只是主权体的执行人。

那么,什么是政府呢?政府是为了使臣民和主权体相互沟通而设立在二者之间的一个中间机构,其职责是实施法律并维护社会的和政治的自由。

这个中间机构的成员被称为行政官员或国王,也就是执

[1] 参见本书第二卷第四章、第六章。——译注

政者①,而整个机构则被称为君主。因此,有人认为,人民服从首领的行为不是契约行为,这种观点是非常正确的。这种行为不过是一种委托和任命而已。在这一过程中,首领只是主权体的官吏,以主权体的名义行使主权体赋予的权力。主权体随时可以限制、更改或收回这一权力。转让这一权利与社会共同体的本质不相容,所以也与社会结合的目的相悖。

在这里,我把行政权力的合法行使称作政府治理或最高行政,把执掌这种行政权力的个人或机构称为君主或行政官员。

在政府中存在中间力量,它们的比例关系构成了整体与整体的关系,也就是主权体与国家的关系。我们可以用一个连续比例的首尾两项表示主权体与国家的关系,而这个比例中间项就是政府。政府从主权体那里得到命令,然后向人民发布。为了使国家处于适当的平衡状态,就要统筹规划,政府与其自身的乘积或平方,要等于既是主权体又是臣民的公民的乘积或平方。[1]

---

① 因此,在威尼斯,即使大公不出席,大议会也被称为"尊贵的君主"。——原注

〔1〕 此处有一个数学公式:根据比例的基本性质,两个外项的积等于两个内项的积。这里的两个外项分别是主权体和臣民,两个内项都是政府。比例式为:主权体/政府 = 政府/臣民。根据比例的性质可得出:$政府^2$ = 主权体 × 臣民。——译注

另外，这三项中的任何一项都不能改变，否则稳定的比例关系就会被破坏。如果主权体治理国家，或者行政官制定法律，或者臣民拒不服从，那秩序就会被混乱所取代，力量和意愿也不再协调一致，国家就会解体，就会陷入专制政府或无政府状态之中。最后，正如一个比例关系中只能有一个等比中项，一个国家也只能有一个好政府。然而，一个民族的比例关系可能会因各种事件而发生变化，因此，不仅不同的民族可能有不同的好政府，而且同一个民族在不同的时期也可能有不同的好政府。

为了说明两个外项之间可能存在的各种比例关系，我以人口的数量作为例子，因为这样更容易说清楚。

假设一个国家有一万名公民。主权体被看作一个集体或一个团体，而作为公民的每个成员都被视为一个个体。这样，主权体对一个公民的比例就是一万比一，也就是说，尽管公民完全从属于主权体，但每个公民只拥有主权权力的万分之一。假设公民的数量增加到十万，公民的地位不会发生变化，每个人都平等地遵守法律，但其表决权却减少到十万分之一，在制定法律时的影响力也会减少十倍。此时，公民仍然是一，而主权体的比例却随着公民人数的增加而增加了。由此可见，国家越大，自由就越少。

当我说到比例增加时，我的意思是，它离相等越来越远。因此，这个比例在几何意义上越大，在通常意义上就越小。在几何意义上，比例由数量确定，用商数表示；在通常意义上，比例考虑的是同一性，判断的依据是相似性。

因此，个别意愿与公共意愿之间的比例越小，也就是说，道德风尚与法律之间的相似性越少，强制的力量就应该越大。所以，政府要想良性运转，就要随着人口的增加而相应地增强自己的权力。

另外，国家的扩大给执掌公共权力的人带来了更多滥用权力的诱惑和机会，因此，当政府加强约束人民的力量时，主权体也应该加强制约政府的力量。我指的不是绝对力量，而是国家各个部分的相对力量。

从这种双重比例关系中可以看出，主权体、君主和人民之间的连比关系，绝不是臆想出来的概念，而是政治体本性必然产生的结果。另外，其中一个比例项——作为臣民的人民——固定不变地等于一，所以，每当双重比例增加或减少时，单项比例也相应地增加或减少，中项也会随之改变。由此可见，不存在单一的、绝对的政府形式，而是有多少个大小不等的国家，就有多少种性质不同的政府。

或许有人会嘲笑这种方法说，要想找到比例中项并组成政府机构,按照我的办法,只需要计算出人口数的平方根就行了。对此,我的回答是,我在这里只是把人口数量作为一个例子。我所说的比例关系不是仅仅用人口的数量衡量的,而是通常要用行为的数量衡量的,而行为又和若干因素结合在一起。此外,我暂时借用几何术语是为了让表达更简练,我当然明白,精确的几何学不适用于衡量道德方面的问题。

政府是大政治体的小型版,这个大政治体中也包含着政府本身。政府是具有一定能力的道德上的人,它像主权体一样是主动的,又像国家一样是被动的。政府还可以被分解成其他类似的比例,这就会产生新的比例关系。在这些新的比例中,按照行政的等级又可以继续分出比例关系。这样下去,最终会产生一个不可分割的中间项,这个中间项就是唯一的一个首领或最高行政长官,他可以被看成这一数列的中心,是分数系列和整数系列之间的"一"。

我们不必纠结于这一大堆数学术语,而只需将政府看作国家内部的一个新机构,它有别于人民和主权体,是两者之间的中介。

政府和国家有一个本质的区别,那就是,国家是独立存在的,政府只能依托于主权体而存在。因此,君主的意愿是而且应该是公共意愿或法律,君主的力量不过是集中在他身上的公共力量而已。一旦君主试图运用自己的权威采取绝对的和独立的行动,整体的联系就会松动。如果最终君主的个别意愿比主权体的意愿还要积极活跃,并且他还运用手中的公共力量来满足自己的个人意愿,那就会产生两个主权体,一个是法律上的,另一个是事实上的。这样一来,社会共同体就会迅速消亡,政治体也会随之解体。

不过,为了使政府能够真正地存在,能够拥有一个有别于国家的实实在在的生命,为了使全体政府成员能够一致行动以实现创建政府的目标,政府就必须要有自己特定的人格,要有全体成员的公共意愿,要有保全自己的力量和意志。这种特殊的存在意味着,必须要有大会、内阁会议、审议和决定的权利、各种权利和头衔、君主专属的特权,而且,还要使行政官员的地位和尊荣同其职责的繁重程度相称。困难在于,如何安排这个大整体的附属体,确保它在构建自己的体制时不会破坏整体的体制,并确保它能够明确区分保全自己的个体力量与保全国家的公共力量;总之,要让它随时准备为人民牺牲政府,而绝不能为政府牺牲人民。

此外,尽管政府这一人为共同体是另一人为共同体的产物,而且可以说,它只有外借的和附属的生命,但这并不妨碍政府在行动时多少有一些活力和敏捷性,或者说,它能在一定程度上保持健康的状态。最后,只要不完全违背其创建的目标,政府就可以依据自己的结构或多或少地偏离这个目标。

各种偶然的和特殊的比例关系会使国家发生变化,政府和国家之间应据此保持一定的比例关系。因为,如果政府和国家之间的比例关系不能依据政治体的缺陷而改变的话,即使最好的政府也会变成最差的。

第二章

各种政府形式的建制原则

为了说明产生这些差异的一般原因，有必要解释一下政府和君主的区别，正如我在前文中解释国家和主权体的区别一样。

行政机构的成员可多可少。我们说过，人口越多，主权体对臣民的比例就越大。同理可推之，政府与行政官员的比例关系也是如此。

政府的全部力量始终等同于国家的力量，所以它是恒定不变的。因此，政府在自己的成员身上消耗的力量越多，留给全体人民的力量就越少。

由此，行政官员越多，政府就越弱。这是一条基本的原则，所以我们要尽力把它解释清楚。

在每个行政官员的身上,我们可以区分出三种本质上不同的意愿。第一种是个人意愿,这只涉及个人利益。第二种是行政官员的共同意愿,它与君主的利益有关,可称之为团体意愿;对政府而言,这种意愿是公共意愿,而对政府从属的国家而言,它又是个别意愿。第三种是人民的意愿即主权体的意愿,无论是对作为整体的国家而言,还是对作为整体一部分的政府而言,这种意愿都是公共意愿。

在完善的法律体系中,个人意愿或个别意愿是无足轻重的,政府的团体意愿也只处于从属的地位。只有公共意愿即主权体的意愿才能始终居于首位,是所有其他意愿唯一的导向。

然而,按照自然规律,意愿越集中,就会越活跃。因此,公共意愿总是最弱的,团体意愿略强些,个人意愿最强大。结果是,在政府中,每个成员首先是其自己本人,然后是行政官员,最后才是公民。这一顺序与社会秩序所要求的顺序正好相反。

弄清楚这一点之后,我们假设整个政府只被一人掌控,此时个人意愿和团体意愿完全结合在一起,团体意愿的强度也就达到了最高点。力量的使用取决于意愿的强度,而政府的绝对力量是不变的,因此,最活跃的政府是只有一个人掌权的政府。

反之,如果把政府与立法权结合起来,让主权体成为君主,让每个公民都成为行政官员,那么,团体意愿就会与公共意愿混合在一起,也就不会比公共意愿更活跃,而个别意愿依旧保持原有的强度。此时,虽然政府的绝对力量保持不变,但其相对力量和活跃性却处于最低点。

这些比例关系是无可辩驳的,对其他方面的考察可以证实这一点。例如,我们可以看到,行政官员在行政机构内部比公民在国家内部要活跃,所以个别意愿对政府的影响比其对主权体的影响要大。这是因为,几乎每个行政官员都承担一些政府职能,而单个公民并不拥有任何主权体的职能。此外,尽管国家的实际力量与其领土面积并不一定成正比,但国家越扩张,它的力量就越大。当国家大小保持不变时,行政官员的数量增加再多,政府的实际力量也不会增加,因为政府的力量就是国家的力量,而国家的力量并未增加。这样,政府的相对力量和活跃性减弱了,而它的绝对力量即实际力量却并没有增强。

此外,可以肯定的是,负责处理事务的人越多,工作效率就越低。谨慎过头,就不能把握时机,就会错失良机。同时,过多地考虑商议,往往会无果而终。

我刚才论证了,随着行政官员人数的增加,政府的效率会降低。之前我还论证过,人口越多,强制力就应该越大。由此可见,行政官员与政府的比例关系同臣民与主权体的比例关系正好相反。也就是说,国家越大,政府就应该越精简,所以,行政官员的人数要随着人口数量的增加而减少。

需要补充的是,我谈论的是政府的相对力量,而不是它的正当性。因为,行政官员越多,团体意愿就越接近公共意愿;相反,在只有一个行政官员的情况下,如前所述,团体意愿就只是个别意愿。这样,在一方面有所失,在另一方面就会有所得,立法者的艺术在于找到合适的点,使互成反比的政府力量和政府意愿之间形成一种最有利于国家的比例关系。

第三章

政府的分类

我们在上一章中讨论的是,为什么根据政府成员的数量来划分政府的类型和形式。在本章中,我们要讨论具体怎样来划分。

首先,主权体可以把政府的职权委托给全体人民或大多数人,这样,担任行政官员的公民就比普通公民多。我们把这种政府形式称为民主制。

其次,主权体可以把政府的职权委托给少数人,这样,普通公民就比行政官员多。我们把这种政府形式称为贵族制。

最后,主权体可以把整个政府交给一个行政官员,而所有其他行政官员都要从他那里获得权力。这第三种形式是最常见的,我们称之为君主制或皇室政府制。

应该指出的是,在所有这三种形式或者至少是在前两种形式中,行政官员的人数会有或多或少的浮动,甚至可能会有很大幅度的变化。民主制中的行政官员可以是全体人民,也可以仅限于半数人民。贵族制中的行政官员可以从半数人民缩小到极少数人。即使是在君主制中,也可能存在一定程度的分权。斯巴达常常有两个国王,这是它的宪法规定的。[1]罗马帝国曾经同时有八个皇帝,[2]而人们也不能说帝国被分裂了。可见,每种政府形式都可能会在某一点上与另一种形式重叠。我们可以看出,尽管只有这三种名称,但实际上,政府的形式可能像公民的人数一样多。

此外,同一政府在某些方面可以被细分为若干部分,每个部分又可以采取不同的行政方式。因此,三种政府形式结合起来会产生很多种混合的形式,而每一种混合的形式又可以再次同这三种单一形式结合起来。

人们一直在争论,什么是最好的政府形式。殊不知任何一种形式都可能在某些情况下是最好的,而在另一些情况下

[1] 斯巴达实行双王制,有两位国王,目的是用两个王室之间的制衡来维持政权的稳定。这两位国来自亚基亚德王族和欧里庞提德王族,终身任职,并且可以世袭。——译注

[2] 罗马帝国后期的戴克里先时期,出现了“双帝共尊”“四帝共治”的情形,后来又出现同时有八个皇帝的情况。——译注

又是最坏的。

如果说,不论在什么国家,最高行政官员的数量都应与公民的数量成反比,那么,一般来说,民主制适合小国,贵族制适合中等规模的国家,而君主制则适合大国。这条规律很容易从既有的原则中推导出来。但是,对于无数种可能的例外情况,我们该如何考量呢?

第四章

论民主制

立法者比任何人都更清楚该如何执行和解释法律。这样看来,最好的体制是把行政权和立法权结合起来的体制。但这种结合会使政府在某些方面存在缺陷,因为本应区分的东西被放在了一起。如果君主和主权体同为一人,那么就可以说,这样会建构一种没有政府的政府。

让立法者执行法律,或者让作为团体的人民把注意力从普遍的事务转向个别的对象,这都不是好事。对于公共事务,最危险的莫过于私人利益的影响。追求私人利益会导致立法者的腐败,这比政府滥用法律带来的危害还大。在这种情况下,国家的本质改变了,任何改革也都是不可能的了。从来都不滥用政府权力的民族,绝不会滥用自己的独立地位;而善于治理的民族,也永远不需要受人统治。

从严格意义上讲,真正的民主从来都不曾存在,将来也不会出现。多数人统治少数人,这是违背自然规律的。让人民频繁地集合在一起处理公共事务,这是难以想象的;而且很明显的是,如果为处理公共事务而设立各种机构,行政管理的形式也就改变了。

其实,我确信这样一个原则,即政府的职权分配给若干机构时,人数较少的机构迟早会获得最大的权力。哪怕仅仅是为了方便处理事务,权力也自然会落入这些人手中。

此外,建立这样的政府需要许多难以同时满足的条件。首先,国家要非常小,这样人民才能很容易地聚集在一起,大家才可以彼此相识。其次,习俗和道德应当简洁,以避免繁杂的事务和棘手的争论。再次,社会地位和财富要十分平等,否则权利和权威的平等就不能持久。最后,奢侈的情况很少或根本没有。因为奢侈要么是财富过多造成的,要么会导致人们去追求财富。它既腐蚀富人,也腐蚀穷人。富人因占有而堕落,穷人因贪婪而堕落。奢侈会使国家变得软弱并陷入虚荣。奢侈还会使国家中的一些人去奴役另一些人,并让所有人都成为公众舆论的奴隶,这样国家就会失去全体人民。

正因如此,一位著名作家把美德作为共和国的基本原则。[1] 因为,没有美德,所有上述条件都不可能存在。不过,这位优秀的天才没能作出必要的区分,所以他的论述常常不准确,有时还很模糊。他没有看到,由于主权权力在任何地方都是一样的,所以同样的原则应该适用于所有体制良好的国家。当然,由于政府形式不同,在适用时或多或少会有所差异。

需要补充的是,民主政府或人民政府比其他形式的政府更容易发生内战和内乱。因为,没有任何别的政府如此强烈地、经常地改变自己的形式,或者需要如此的警惕和勇气来维持现状。在民主制下,公民要用力量和恒心来武装自己,每天都要默念一位德高望重的侯爵①在波兰议会上所说的话:"我宁要危险中的自由,也不要和平中的奴役"[2]。

如果人民是神明,那他们的政府就可以是民主制的。可见,如此完美的政府是不适合人类的。

---

[1] 这里的"著名作家"指孟德斯鸠。孟德斯鸠在《论法的精神》第三卷第三章中写道:"人民的国家还要有另外一种动力,那就是美德。"——译注

① 指波兹南侯爵,即波兰国王的父亲、洛林公爵。——原注

[2] 卢梭用拉丁语引用了这句话。——译注

第五章

论贵族制

在这里，我们有两种截然不同的道德上的人，即政府和主权体，这样也就有两种公共意愿，一个针对全体公民，另一个只针对行政官员。因此，尽管政府可以按照自己的意愿调整其内部政策，但在对人民发号施令时，政府只能以主权体的名义，也就是以人民本身的名义，这一点绝不能忘记。

人类社会最初是以贵族制来治理的。家族的首领们聚在一起磋商公共事务，年轻人毫无怨言地服从有经验的权威者，于是就有了长者、长老、元老、尊长这些称谓。北美洲的土著人至今还采用这种治理方式，而且治理得非常好。

然而，随着社会的发展，人为的不平等逐渐取代了自然的不平等,比起年龄,人们更看重财富和权力①,这样贵族制就变成了选举制。最终,权力可以随着财产一并传给后代,于是就产生了贵族世家,政府也变成世袭制的了,有时甚至会出现二十岁的元老。

这样就有了三种贵族制,即自然的、选举的和世袭的。第一种只适合于原始的民族。第三种是所有政府形式中最差的。第二种是最好的,是真正的贵族制。

除了可以将两种权力〔1〕相分离这个优势外,选举的贵族制还有一个优势,就是可以选择行政官员。在民主制中,所有公民天生就是行政官员。而在选举的贵族制中,行政官员被限制在少数人中,而且是通过选举产生的②。这种方式可以选出正直、聪慧、有经验和具有其他受公众重视和尊敬的品质的人,这些品质正是政府政治修明的保障。

还有,在选举的贵族制中,举行集会更为容易,事务也能

① 显然,"贵族"一词,在古人那里的意思不是"最好的",而是"最有权势的"。——原注

〔1〕 指立法权和行政权。——译注

② 非常重要的是,行政官员的选举形式应由法律来规定。因为,如果由君主选任行政官员,就必然会陷入世袭贵族制,威尼斯共和国和伯尔尼共和国就是这样的。所以,威尼斯早已解体。伯尔尼由于其元老院十分贤明才得以保全下来,这一例外是可敬的,但也是非常危险的。——原注

讨论得更好,办事也就更为高效和有序。比起不为人知的或受到轻视的民众,德高望重的元老们能更好地维护国家的对外威信。

简而言之,由最贤明的人治理民众,并且确保他们为民众的利益而不是为自己的利益进行治理,这就是最好的和最符合自然的安排。不要徒劳无益地增加政府办事机构,一百个人可以做得很好的事,不要动用成千上万个人去做。但要注意到,此时,共同体的利益在引导公共力量时,很少能符合公共意愿,而且不可避免的是,一部分行政权力会逃避法律的约束。

理想的情况是,国家不是很小,人民不是过分的单纯和直率,这样,法律的执行就像在良好的民主制中那样,能够直接由公共意愿决定。不过,国家也不能太大,因为那样的话,首领们就要分散到各地,就会在各自的辖区内分割主权,继而谋求独立,最终还会成为领地的主人。

不过,尽管贵族制不像民主制那样要求那么多的美德,但它对美德也有特定的要求。例如,富人要节制,穷人要知足。因为绝对的平等并不适用于贵族制,即使在斯巴达也不存在绝对的平等。

此外,虽说这种政府形式带有一定程度的财富不平等,但这也是合理的。一般说来,这是为了把公共事务的管理委托给那些能够付出自己所有时间的人,而不是像亚里士多德认为的那样,是富人总会优先的缘故。而相反的选择有时也是必要的,它能教导人民,人的美德比财富更值得重视。

第六章

论君主制

之前,我们一直把统治者看作由法律的力量结合起来的道德上的和集体的人,是国家行政权力的受托者。现在我们要思考的情况是,权力集中到一个自然人、一个真实的人手中,只有他才有权依据法律行使权力,这样的人被称为君主或国王。

在其他政府形式中,集体代表个人,而在这种形式中,则是个人代表集体。由此,构成君主的那种精神上的统一,同时也是人肉体上的统一。其他政府形式中法律费尽力气才能结合在一起的各种职能,在这里都自然地结合在一起了。

于是,人民的意愿、君主的意愿、国家的公共力量和政府的个别力量,全都受到同一个动力的驱动。机器的所有发条都由同一个人操作,整个机器朝着同一个目标运动,不存在任何冲突的、相互抵消的运动。很难想象,有哪种体制能够花这么小的力气却产生如此大的效果。阿基米德[1]静静地坐在岸边,轻松地把一艘大船拉上岸,在我看来,他就像一位精明睿智的君主,运筹帷幄,不动声色地治理着庞大的国家。

然而,如果说没有任何别的政府能比君主制政府更有活力,那么也可以说,没有任何别的政府,其个别意愿能比君主制政府中君主的意愿更有影响力而且更容易控制其他意愿。在君主制中,一切都朝着同一个目标前进,但这个目标并不是公共的福祉,而且,就连行政权力也在不断地损害着国家。

国王们总想成为绝对的统治者,而人民在遥遥疾呼:要做到这一点,最好的办法是得到人民的爱戴。这句话说得很好,在某些方面也非常正确。不幸的是,宫廷中的人对此却嗤之以鼻。人民的爱戴所带来的权力无疑是最强大的,但它却是不稳定的,而且是有条件的,君主们绝不会满足于此。就连最好的君主都想为所欲为,还希望自己不会因此丧失统治权。政治说教者可能会告诉君主,人民的力量就是君主的力量,君主的最大利益在于人民富庶、兴旺和强大。但君主知道,事实

[1] 阿基米德(公元前287—前212),古希腊哲学家、科学家、数学家、物理学家,被称为“力学之父”。阿基米德的一句名言流传甚广:“给我一个支点,我就能撬起整个地球。”——译注

并非如此。君主的个人利益首先在于,人民要软弱和贫困,这样他们就不会反抗君主。我承认,如果人民始终是顺从的,那么君主确实会希望人民强大起来,好让人民的力量成为君主自己的力量,这样君主就可以威震四方了。但是,这种利益只是次要的和从属的,而且强大与顺从是不相容的,所以君主当然总是会优先考虑自己的直接利益。这正是撒母耳[1]向希伯来人[2]极力强调的,马基雅维利[3]也清楚地证明了这一点。马基雅维利表面上是在劝诫君王,但实际上是在教导人民,他的《君主论》是共和主义者的手册。①

根据前面所述的比例关系我们可以发现,君主制只适用于大国,对君主制本身的研究也证实了这一点。行政机关的

---

〔1〕 撒母耳,以色列的士师、先知和祭司,伟大的军事家、政治家、宗教家。(参见《圣经・旧约全书・撒母耳记》)——译注

〔2〕 希伯来人,以色列人和犹太人的别称。据《圣经・旧约》记载,希伯来人在其始祖亚伯拉罕率领下从两河流域迁居至巴勒斯坦,被当地居民称为"希伯来人",意为"来自彼岸"。——译注

〔3〕 马基雅维利(1469—1527),意大利政治家、历史学家,代表作有《君主论》《论李维》《佛罗伦萨史》等。——译注

① 马基雅维利是一个正直的人,是一个好公民。但是,由于依附于美第奇家族,他不得不在国家受压迫的情况下掩盖对自由的热爱。他选择了可憎的凯撒・博尔吉亚,这清楚地表明了他的潜在目的。《君主论》中的原则与《李维论》和《佛罗伦萨史》两书中的论点矛盾,这表明,这位深刻的政治思想家的读者都是些浅薄或堕落的人。罗马宫廷封禁了这本书,我确信这一点,因为这本书清楚地描绘的,正是罗马宫廷。——原注

人数越多,君主对臣民的比例就越小并且越接近于相等。在民主制中,这个比例就是一,或者说二者完全相等。同理,行政机关的人数减少,这个比例就会增加。当政府由一个人掌控时,这个比例就达到了最大值。这时,君主和人民之间的距离过大,国家也就很难被联合起来。要形成联合国家的纽带,就必须有中间阶层,也就是王公贵族组成的阶层。但这对于小国并不适用,因为层层的等级会把小国压垮。

然而,如果大国很难治理,那由一个人治理大国就更难了。人人都明白,如果君主找人代理自己去治国会产生什么后果。

君主制有一个不可避免的、根本性的缺陷,这使其永远不如共和制。那就是,在共和制中,公众舆论通常总会把那些英明能干的人推举到最高职位,而且这些人也能够以此为荣并很好地履行职责。而在君主制中,发迹者往往是骗子、无赖和奸诈之人,他们凭小聪明窃取高位,一旦占据要职,就会在公众面前暴露出自己的无能。在选人用人方面,人民比君主明智得多。有真才实学的人在君主制政府中担任大臣的,就像傻瓜在共和制政府中担任首脑一样,是十分罕见的。因此,在被投机钻营的官员们败坏了的国家里,如果出于机缘巧合,一位治国天才执掌了政权,那么,他发挥的作用会让人们大为震惊,国家也会由此开辟一个新时代。

君主制国家要想得到良好的治理,其人口和面积必须与统治者的能力相称。征服一个国家要比治理好一个国家容易得多。只要有足够长的杠杆,用一根手指就能撬动世界,但是,要想举起整个世界,那就需要海格力斯[1]的肩膀了。无论国家有多小,对它来说,君主都是很渺小的。与之相反,有一种罕见的情况是,国家对其统治者来说太小了,此时国家也是治理不好的。因为君主只顾追求宏大的目标,却忽视了人民的利益。结果是,这位君主因滥用才华给人民带来的苦难,并不少于一个能力不足的君主因缺乏才干使人民遭受的不幸。可以说,一个国家在各个时期的扩张或收缩,应该根据君主的能力来确定。在民主制中,元老院的能力比较稳定,国家的疆域就可以固定不变,行政管理也就不会因此受到影响。

君主制政府最大的缺点是没有连续的继承,而在其他两种形式中,这种连续的继承形成了不间断的联合纽带。一位君主去世后,就需要另一位君主,而选举会产生危险的、充满风暴的间断期。除非公民极其正直和无私——但这种政府中

〔1〕 海格力斯,古希腊神话中的半神,宙斯与阿尔克墨涅之子。因其力大无穷,后来被用来指称大力士和壮汉。——译注

几乎没有这样的公民——否则,阴谋和腐败就会泛滥。靠收买获得政权的人,会反过来出卖国家,并从弱者身上捞回自己被强者榨取的钱财。在这样的政府中,卖官鬻爵之风会逐渐蔓延。结果是,人民在有君主治理时享有的和平,比王位空缺时遭遇的混乱还要糟糕。

为了防止这些弊病,人们做了些什么呢?王位在某些家族中是世袭的,并且要确立继承的顺序,这样就可以避免国王驾崩时出现争端。也就是说,摄政的缺陷取代了选举的缺陷,人们宁愿要表面上的安宁,也不要贤明的行政,宁愿冒险让孩子、怪物、傻瓜当政,也不愿为了选出好的君主而发生争执。人们没有意识到,在冒险作出这种两难选择时,他们几乎丧失了一切有利的机会。小但尼斯因为做了不光彩的事而遭到父亲老但尼斯的责备:“我给你做过这样的榜样吗?”“没有,”小但尼斯回答,“但你的父亲不是国王呀。”小但尼斯的回答是很有道理的。[1]

拥有至高权威的人很容易丧失正义感和理性。据说人们曾煞费苦心地把治国的艺术传授给年轻的君主们,但这种教

[1] 老但尼斯和小但尼斯为父子,二人曾相继担任叙拉古的国王,是出名的暴君。——译注

育似乎没起什么作用。最好还是先教会他们如何顺从。那些流芳百世的君王们都未受过如何统治的教育。统治这门学问,我们学得越多,掌握得就越差,而且,在服从中学习比通过发号施令来学习,会学得更好。"辨别好坏最有效和最简便的方法就是思考一下:如果国王是别人而不是你,你希望发生什么、不希望发生什么。"①

缺乏连贯性的后果之一是,王室政府变化无常。政府此时实施这一计划,彼时又有了另一计划,全视在位的君主或代其执政的人的脾性而定,因而政府没有固定的目标和连贯的政策,这使得国家动荡不安、飘忽不定。而在其他政府形式中,统治者是不变的,因此也就不会出现这种情况。由此可见,一般来说,皇室宫廷中阴谋诡计越多,元老院中智慧就越多。共和制国家会遵循稳定和明智的政策来实现其目标。而在君主制国家中,内阁中的每一次变革都会给国家带来巨大的动荡,因为所有的大臣以及几乎所有的君王都会推翻其前任的政策,这几乎是一条普遍的原则。

这种不连贯性还可以驳斥保皇派政治家们常用的诡辩。

① 塔西佗:《历史》,第一卷。——原注[塔西佗(55—120),罗马历史学家。此处原文是拉丁文。——译注]

他们把国家治理比作家庭管理，把君主比作家长，这一错误我们已经批驳过了。[1] 而且，他们还随意赋予君主种种美德，并设想君主真的就是其本应该是的样子。按照他们的这种假设，君主制政府显然比其他所有政府形式都要好，因为它毫无疑问是最强大的政府。而且，如果它的团体意愿能更符合公共意愿的话，那它还会是最好的政府呢。

柏拉图说过，有天赋的国王是非常少见的。① 按照这一说法，天资和命运交汇在一起成就一位君主，这种巧合岂不是极其罕见？而且，如果王室教育会使受教育者堕落，那么，对于那些世袭的君主，我们又能指望什么呢？可见，把君主制政府与明君统治的政府混为一谈，那是自欺欺人。要弄清楚君主制政府的本质，我们就要看它在邪恶无能的君主统治下的情况，因为，这种君主在即位时就是邪恶无能的，如果不是，王位也会使其变得邪恶无能。

理论家们看到了这些难题，但并不对此感到为难。他们说，解决的办法是毫无怨言地顺从。上帝在愤怒之下派来了坏的君主，人们必须忍受这来自上天的惩罚。这种说法的确

----

〔1〕 参见本书第一卷第二章。——译注

① 参见柏拉图：《政治篇》。——原注

有教化性，但把它放到教堂的讲坛上宣讲比写在政治书里更合适。如果一个医生夸口说自己能起死回生，而他唯一的本领就是劝病人忍耐痛苦，那么，对此我们该如何评论？我们都明白，如果遇到了坏的政府，我们就只能忍受它；但应该思考的问题是，如何才能找到好的政府。

第七章

论混合政府

严格来说,不存在单一形式的政府。即使首领只有一个,其手下也必须有行政官员;民主制政府也要有一个首领。因此,在行政权力的分配上,总是存在从多数人到少数人的等级差异,区别是,有时多数人依附于少数人,有时少数人依附于多数人。

有时,权力的分配是均等的。这时,要么政府的各组成部分相互依赖,如英国政府;要么各部分的权力是独立的但又不是完备的,如波兰政府。后一种形式并不好,因为政府不统一,国家缺少联系的纽带。

单一政府和混合政府,哪一种更好?政治理论家们对此争论不休。我对这个问题的回答,就是前面关于政府形式的论述。[1]

就其本身而言,单一政府更好,原因是它很简单。但是,当行政权对立法权的依附性不是很大时,也就是说,当君主对主权体的比例大于人民对君主的比例时,就应该分割政府,以修正这种不平衡。这样一来,政府各部分对人民的权威并不会减少,但分割使政府的力量在总体上不如主权体强大。

这种比例失衡的问题还可以通过设置中级行政官员来解决。这种官员并不会损害政府的完整性,其作用仅在于平衡两种权力并维护两者各自的权利。此时,政府并不是混合型的,而是采用了适中的形式。

相反的比例失衡也可以用类似的方法来修正。当政府过于松懈时,可以设立一些机构使之集中。民主制政府都是这么做的。在前面那种情况下,分割是为了削弱政府;在后面这种情况下,分割则是为了使政府变得强大。因为,强大的极限和软弱的极限在单一政府中都会出现,而混合政府则会产生适中的力量。

---

〔1〕 参见本书第三卷第三章。——译注

第八章

论没有适用于所有国家的政府形式

并不是每一种气候都能结出自由的果实,所以也不是所有的民族都能享有自由。对孟德斯鸠提出的这一原则,人们思考得越多,就越能感受到其中的真理,越是想反驳它,就越是能找到验证它的证据。

在世界上所有的政府中,公务人员都是只消费而不生产的。那么,他们消费的东西从哪里来?来自国家成员的劳动。公务人员的必需品是来自个人的剩余物资。因此,只有当人们的劳动产出多于其自身的需求时,政治才能存在。

然而,剩余物资的数量在各个国家是不一样的。有些国家的剩余很多,有些国家的剩余较少,有些国家没有剩余,还有些国家甚至是入不敷出。这种产出与消耗的比例取决于气候的好坏、土壤需要的劳动种类、物产的性质、居民的体力、生活所需的消费量以及这一比例中包含的其他因素。

另一方面，各种政府的性质并不相同，它们的胃口也有大有小。这种差异基于另一条原则，即公共赋税离其源头越远，负担就越重。衡量这种负担的标准不是税收的数额，而是税收返回到纳税人手中所要经过的路程。如果这一流转过程是快捷和顺畅的，那么，无论税收是多还是少，人民总是富足的，国家财政也会良性运转。相反，如果人民缴纳的税款完全不能返回到自己手中，那么，不论税收多么少，人民也会因一味地付出而被榨干，这样，国家永远不会富有，人民也永远都是贫困的。

由此可见，人民与政府的距离越远，税负就越重。因此，在民主制中，人民的税负最轻；在贵族制中，税负要重一些；而在君主制中，税负最重。所以，君主制只适合富裕的国家，贵族制适合财富和疆域都中等的国家，而民主制则适合又小又穷的国家。

事实上，我们越是仔细地思考这个问题，就越能发现自由国家和君主制国家的区别。在自由国家中，一切都为了公共利益；而在君主制国家中，公共力量和个人力量此消彼长，一方减弱，另一方就会增强。一言以蔽之，君主专制政府不是为了使人民幸福而治理国家,而是要让人民陷入贫苦以便于统治。

在各种气候条件下,都有其自然的因素,而这些因素可以决定适合这种气候的政府形式,甚至可以决定那里该有什么样的居民。

对于物产价值抵不上劳动价值的贫瘠的土地,应该任其荒芜,不要去耕种,或者应该让野人去居住。对于劳动所得仅够维持生计的土地,应该让野蛮的民族去居住,在这种地方,不可能存在政治体制。劳动产出稍有剩余的地方适合自由的民族。那些土地富饶肥沃、只需少量劳动就能收获大量产品的地方,适合君主制政府;君主的奢侈能消耗臣民过多的剩余财富,这些过剩的东西由政府消耗比被个人浪费要好得多。我知道,这里有例外的情况,但这些例外本身也会证实以上规律,因为那里迟早会发生革命,然后一切又会恢复自然的秩序。

我们千万不要把一般规律与特殊规律混为一谈,因为特殊规律仅能影响一般规律的效果。即使所有的南方地区都是共和制国家,而北方地区全都是专制国家,以下规律依然正确,即专制制度适合炎热的国家,野蛮的制度适合寒冷的国家,而良好的政治体制适合温带地区。我知道,虽然人们认可这一原则,但在具体应用时还是会有争议。有人会说,在寒冷的地方也有肥沃的土地,而热带地区也有非常贫瘠的土地。但这种问题,只对那些不全面考虑各方面因素的人才是难题。正如我已经说过的,我们必须考虑劳动、力量、消费等因素。

以两块面积相同的土地为例,假设一块的产量为5,另一块为10。如果第一块土地上居民的消费量为4,第二块土地上居民的消费量为9,那么,第一块土地的产品剩余是1/5,第二块土地的产品剩余是1/10。这两者剩余的比率与产量的比率相反,产量为5的地区的剩余是产量为10的地区的两倍。

但这并不是产量加倍的问题,而且,我也不相信会有人认为,寒冷国家的土地与炎热国家的土地一样肥沃。但我们不妨假设这种情况是存在的,比如,把英国与西西里、波兰与埃及看作一样的水平,往南还有非洲和印度,往北就没有什么了。为了获得相等的产量,这些国家在耕作方面要有多么大的差异呀！在西西里,只要松松土就行了,而在英国,人们必须辛勤劳作！在需要较多劳力才能获得相同产量的地方,剩余产品必然会较少。

此外,还要考虑,同样数量的人口在炎热国家的消费要少得多。在这些地方,要想保持健康,就必须节制饮食。欧洲人到了这里,如果还像在自己家乡那样生活,就会死于痢疾和消化不良。夏尔丹[1]说:“与亚洲人相比,我们是食肉动物,是豺狼。有人认为,波斯人吃得少是因为他们国家物产不足。但我认为,正是因为居民的需求少,他们国家的物产才少。”他还说:“如果他们吃得少是因为土地贫瘠的话,那就应该只有穷人才吃得少,但事实上,他们每个人都吃得很少;而且,应该是各个省份的人因物产的多寡而吃得有多有少,但事实上,全国人普遍都吃得很少。波斯人对自己的生活方式颇为自得,说只要看看他们的气色,就知道他们的生活方式比基督徒的生活方式要好得多。的确,波斯人面色干净,皮肤白皙、细腻、光滑;而他们的属民,那些按照欧洲人的方式生活的亚美尼亚人,皮肤粗糙、多斑,身体肥胖又笨拙。”

越是靠近赤道,人们吃得就越少。那里的人几乎不吃肉,主要吃大米、玉米、高粱、小米和木薯。印度有几百万人口,每人每天的食物花费还不到一苏[2]。我们发现,即使在欧洲,北方人和南方人的食量也有很大差别。一个德国人的一顿晚餐,够一个西班牙人吃上一个星期。在人人贪吃的国家,奢侈也体现在吃的方面。在英国,奢侈就是丰盛的餐食;而在意大

[1] 夏尔丹(1643—1731),法国旅行家,著有《波斯和东印度游记》。——译注

[2] 苏,原法国辅助货币,价值为一磅的二十分之一。——译注

利，人们则用糖果和鲜花来款待客人。

衣着方面的奢侈也显示出类似的差异。在季节变化迅速而剧烈的地区，人们的衣服质地优良而且样式简单；在那些穿衣只是为了装饰的气候条件下，人们追求的是炫耀而不是实用，而衣服本身就是一种奢侈品。在那不勒斯[1]，你每天都可以看到许多人在鲍昔利普山[2]上闲逛，他们穿着金光闪闪的上衣，但却赤着脚。建筑方面也是如此。在不必担心风吹日晒的地方，华丽就成了唯一的追求。在巴黎和伦敦，人们希望住得温暖和舒适。而在马德里，人们虽然有华丽的客厅，却没有能关得上的窗户，而他们睡觉的地方简直就像老鼠洞。

在炎热的国家，食物营养又美味，这是第三个差异，它必然会对第二个差异产生影响。意大利人为什么吃那么多的蔬菜？因为那里的蔬菜质量好，营养丰富，味道极佳。而在法国，蔬菜只靠水来滋养，没有什么营养，在宴席上也就没有一席之地。但是，法国用来种植蔬菜的土地并不少，而且种菜也没少花力气。事实证明，巴巴里[3]的小麦虽然不如法国的好，但却能磨出更多的面粉，而法国的小麦磨出的面粉又比北

〔1〕 那不勒斯，意大利南部的城市。——译注

〔2〕 鲍昔利普山，意大利那不勒斯附近的一座山。——译注

〔3〕 巴巴里，指埃及以西的北非地区。——译注

方国家的小麦多。由此可以推断,从赤道到北极,普遍存在着这种产量递减的情况。那么,产品数量一样,得到的食物却较少,这难道不是一个明显的缺陷吗?

除了这些差异外,还可以补充一点,这一点既是上述各个方面的结论,反过来又能作为其佐证。这就是,炎热国家与寒冷国家相比,所需的居民较少,却能养活较多的人。于是就产生了双倍的剩余产品,这对专制政府来说是有利的。同等数量的居民分布的地域越大,造反就越困难,因为他们无法快速而秘密地一致行动,而且政府很容易揭穿他们的密谋并切断其往来联系。相反,人口越是集中,政府就越难篡夺主权。因为,首领们可以在自己家中谋划,和君主在议会中商议一样安全,民众可以在广场上聚集,像军队在营地里集合一样迅速。因此,专制政府的优势在于,它能够在很远的地方采取行动。借助自己设立的各个支点,政府能够像杠杆一样,使自己的力量随着距离的增加而增加①。相反,人民的力量只有集中起

① 这与我在第二卷第九章讨论的大国的劣势并不矛盾。前面我们讲的是政府对其成员的权威,而现在我们谈论的是政府对付臣民的力量。分散于各处的成员是政府用以对付远方的人民的支点,但对于这些成员本身,政府却没有可以使用的支点。因此,杠杆过长在一种情况下使政府变得软弱,而在另一种情况下又能增强政府的力量。——原注

来才能发挥作用,而这种力量一旦分散,就会烟消云散,如同洒落在地上的火药,只能星星点点地燃烧。因此,人口最少的国家最适合实行专制,如同猛兽只能在荒野中称王一样。

第九章

好政府的标志

如果有人一定要问什么是最好的政府，那他就提出了一个无法回答的、没有确切答案的问题，或者可以说，各民族在各种绝对的和相对的情况下有多少可能的组合，这个问题就有多少个正确答案。

但是，如果问，判断某个民族治理得好不好的标志是什么，那就是另外一回事了。这是一个事实问题，是可以回答的。

不过，这个问题并没有得到解答，因为每个人都想以自己的方式回答这个问题。臣民推崇公共安宁，公民则推崇个人自由；前者看重财产安全，后者则看重人身安全；前者认为最严厉的政府是最好的政府，后者则认为最温和的政府才是最好的；前者主张惩罚犯罪，后者则主张预防犯罪；前者希望自己的国家被邻国所惧怕，后者则希望国家不为人知、保持低调；前者盼望日进斗金，后者则满足于丰衣足食。就算我们在上述方面以及其他类似方面达成了一致，问题是不是就能得到解答了呢？道义是无法精确度量的，所以即使人们能够在标志方面达成共识，在评价时也无法形成一致意见。

令我感到惊讶的是，一个如此简单的标志竟然没人能看出来，或者说，没人有信心认同。政治团体的目的是什么？是使其成员生存和繁荣。生存和繁荣最可靠的标志是什么？是人口的数量。因此，不要再去寻找别的标志了。在其他条件相同的前提下，在不靠移民、归化和殖民的情况下，能使人口增长最多最快的政府，无疑是最好的政府；相反，如果人口逐渐减少、国家日渐衰败，这就是最坏的政府。善于计算的人们，请你们计算、衡量、比较一下吧！①

---

① 应该依据同样的原则来判断，哪些世纪最有利于人类的繁荣。人们对艺术和文学蓬勃发展的时代赞不绝口，因为他们没有看到这些文化背后隐藏的目的，也没有考虑其产生的灾难性后果。“愚人所说的‘人道’，其实是一种奴役。”(原注使用的是拉丁文。——译注)在这些格言中，我们可以看出促使作者发言的庸俗利益。不，不管他们怎么说，如果一国的人口在减少，那么不论这个国家多么声名显赫，也称不上是太平盛世。即使一个诗人每年收入十万法郎，这也不能表明他所处的时代是最好的时代。不要关注表面的安宁和统治者的从容，而要关注国家整体的福祉，对于人口众多的国家，更是如此。冰雹会使几个州县遭灾，但通常不会造成饥荒。暴乱和内战吓坏了统治者，但并没有给

人民带来真正的不幸;因为在统治者争权夺势的斗争中,人民反倒获得了喘息的机会。人民真正的繁荣和灾难,产生于他们那种持久的状态。当全体人民都在枷锁下被压得粉身碎骨时,毁灭就会开始,统治者就能任意摧毁人民。"他们把国土沦为废墟,却说这就是和平。"(原注使用的是拉丁文。——译注)当权贵之间的纷争把法兰西王国搅得一团糟时,当巴黎的副主教怀揣着匕首参加议会时,法国人民却依然享有尊严、自由和安逸,他们生活幸福、人口繁盛。希腊曾在残酷的战争中强盛起来,尽管到处血流成河,但国土上还是人丁兴旺。马基雅维利说:"在谋杀、流放和内战中,我们的共和国似乎变得强大起来。"公民的美德、风尚和独立对国家的强化,要比争端对国家的削弱大得多。些许的动荡都会给灵魂带来活力。能使一个民族繁荣的不是和平,而是自由。——原注

第十章

政府滥用权力和蜕化的倾向

个别意愿总是与公共意愿相对立,所以政府也总是与主权体相对抗。这种对抗的力量越大,国家体制的变化就越大。而且,由于这里没有任何团体意愿能够与君主的意愿相抗衡,所以君主迟早会压倒主权体并破坏社会契约。这一固有的、不可避免的弊病,从政治体诞生之初就不断地将其引向毁灭,就像衰老和死亡终将摧毁人的身体一样。

政府的蜕化一般有两种方式,即政府收缩和国家解体。

当政府成员的人数从多变少时,即从民主制到贵族制、从贵族制到君主制时,政府就会收缩。这是政府的自然发展趋势。[①] 如果反过来,政府成员的人数从少变多,此时可以说政府变得松散了,但这种逆向的发展是不可能的。

事实上,只有当政府元气耗尽、衰弱到无法维持原状时,

---

① 威尼斯共和国在水域中缓慢的形成和发展,就是这种过程的显著例证。令人惊讶的是,时间过去了一千二百多年,威尼斯人似乎仍停留在1198年西拉尔·康赛里奥开创的第二个阶段。至于人们所指责的古代大公们,无论《威尼斯自由论》这本书如何评价,事实证明,这些大公都不是主权者。

反对我的观点的人肯定会举出罗马共和国的例子。他们会说,罗马共和国的历程完全反过来了,是从君主制到贵族制,然后从贵族制到民主制。但我不这么认为。

罗慕路斯最初创建的是一个混合政府,但这个政府很快就变成了专制政府。由于种种特殊原因,这个国家过早地灭亡了,就像新生儿在未成年时就夭折了一样。塔尔干王朝被驱逐后,罗马共和国才真正诞生。但罗马在开始时并没有稳定的形式,因为贵族阶级没有被消除,它的这项事业只完成了一半。这样一来,世袭贵族制——最糟糕的合法行政制度——始终与民主制相冲突,政府的形式也就摇摆不定。正如马基雅维利已经证明了的那样,政府的形式直到设立了护民官时才得以确立,而也只有到那时,才有了真正的政府和真正的民主制。事实上,当时的人民不仅是主权者,而且还担任行政官员和法官。元老院不过是一个附属的机构,其作用是缓和或集中政府的权力。至于执政官,虽然是贵族、首席行政官员和战争中的绝对统帅,但在罗马他们也不过是人民的管家而已。

从那时起,罗马政府遵循其自然趋势而迅速走向贵族制。我们可以说,贵族好像自行消亡了,贵族制不再像威尼斯和热那亚那样存在于贵族团体内,而是存在于贵族和平民组成的元老院团体里,甚至在护民官开始篡夺权力时,还存在于护民官团体里。名称并不能改变事实,当人民有了执政的统治者时,无论其名称是什么,这种政府都是贵族制。

贵族制的滥用权力导致了内战和三头政治。苏拉、尤利乌斯·凯撒和奥古斯实际上已经成了真正的君主。最后,在提贝留乌斯的专制统治下,国家解体了。这样,罗马历史证实了而不是驳倒了我提出的原则。——原注

政府的形式才会发生改变。如果一个政府在扩张时松散下来,它的力量就会化为乌有,它也就自身难保了。因此,当这种情况开始发生时,要重新拧紧松弛的发条,否则,政府所支撑的国家就会土崩瓦解。

国家的解体可能通过两种方式出现。

第一种是,君主不再按照法律治理国家,并且篡夺了主权体的权力。此时会发生一个明显的变化:不是政府,而是国家在收缩。我的意思是,大国解体了,在其内部形成了一个新的国家,这个新国家只包含政府成员,对其他人来说,它就是主人和暴君。因此,从政府篡夺主权的那一刻起,社会契约就被破坏了,所有普通公民也就理所当然地收回了自己的天然自由。此时,他们对政府的服从,不是出于义务,而是迫不得已。

当政府成员各自篡夺只能集体行使的权力时,也会发生同样的情况。这也是严重违法,而且还会造成更大的混乱。我们可以说,这时候,有多少个行政官员,就有多个君主,而国家也会像政府一样四分五裂,最终不是灭亡,就是改变形式。

当国家解体时,政府所有的滥用职权行为,都可以被统称为无政府状态。具体来说就是,民主制退化成暴民制,贵族制退化成寡头制。我还要补充一点,君主制退化成暴君制。不过,“暴君制”这个词含义不清,需要解释一下。

在通常意义上,暴君指用暴力统治、无视正义和法律的国王。而在严格意义上,暴君指无权享有王权、但窃取了王权的人。这就是希腊人对“暴君”一词的理解。① 对于非法获得王权的君主,无论此人是好是坏,希腊人都称之为“暴君”。因此,“暴君”和“篡权者”的意思完全一样。

为了分辨两者,我把篡夺王权的人称为“暴君”,把篡夺主权的人称为“专制者”。暴君虽以违法手段取得权力,但却能够依据法律进行统治,而专制者则把自己置于法律之上。因此,暴君不一定是专制者,但专制者必然是暴君。

① 在一个奉行自由的国家中,永远当权的人就是暴君(原文为拉丁文。——译注)(科·尼波斯:《米提阿底斯传》,第八章)。亚里士多德将暴君与国王区分开来,前者为了自己的利益而统治,后者为了臣民的利益而统治(《尼各马可伦理学》,第八卷第十章)。不过,所有的希腊作家都在另外一种意义上使用暴君这个词,就像色诺芬刻画的希罗一样。此外,从亚里士多德的这种区分中可以看出,这个世界从一开始就不曾有过一个国王。——原注

第十一章

论政治体的灭亡

即使体制最好的政府，也无法避免这一自然的结局。连斯巴达和罗马都灭亡了，还有什么国家能永存？虽然我们想建立一种持久的制度，但不要奢望它能永久存在。想要成功，就不要明知不可为而为之，也不要自诩能使人类的事物坚不可摧，因为事实上这是无法做到的。

政治体和人体一样，一出生就开始走向死亡，而且其自身就蕴含着毁灭的种子。但政治体和人体都具有或强或弱的机制，使其能够在较长或较短的时间内得以存续。人的肌体是自然的作品，而国家机制则是人造的作品。人无法延长自己的寿命，却可以建立完善的机制，从而使国家尽可能长久地存在下去。体制最好的国家也会灭亡，但如果没有意外事件使其早亡，它就会比其他国家存续得长。

政治体的生命之源是主权权威。立法权是国家的心脏，行政权是指挥各部分运转的大脑。大脑瘫痪，人可能仍然活着，呆傻的人是可以活着的。但是，一旦心脏停止跳动，生命体就会死亡。

国家生存靠的不是法律，而是立法的权力。过去的法律对现在的行为没有拘束力。但是，沉默可以被认为是默许，如果主权体没有废除本可以废除的法律，那就是默认该法律继续有效。主权体的意愿，除非声明撤销，否则一经宣布就一直有效。

为什么人们十分尊重古老的法律呢？原因就在于此。我们或许认为，古代的法律尽善尽美，所以能够一直保留下来。但其实，如果主权体不认为这些法律是有益的，早就把它们废除千百次了。正因为如此，在体制良好的国家里，法律不但不会被削弱，反而会不断获得新的力量，因而古代的法律日益受到人们的尊崇。而在一些地方，法律越古老，其效力就越弱，这表明立法权已不复存在，国家也离灭亡不远了。

第十二章

如何维护主权权威

除了立法权之外,主权体再无其他权力,因此它只能依据法律来行动。法律反映的是真实的公共意愿,所以唯有人民聚集在一起时,主权体才能行动。有人会说,将人民聚集在一起,那简直是天方夜谭!在今天,这的确是一种妄想,但在两千年前却不是这样。难道人的本性改变了?

人类思想可能达到的境界,并不像我们想象的那样狭隘,是我们的弱点、恶习和偏见限制了它。卑劣的灵魂无法揣度伟大的人物,低贱的奴隶对“自由”一词只会嗤之以鼻。

让我们根据已经发生的事来思考一下可能做到的事。我不想讨论古希腊的共和政体,而是要说说罗马共和国。在我看来,罗马共和国是一个庞大的国家,而罗马城是一个很大的城市。最后一次人口统计显示,罗马城有四十万武装公民,整个共和国有四百多万公民，这还不包括属民、异邦人、妇女、儿童和奴隶。

要想把首都及其附近如此之多的人聚集起来，这该多么困难呀！然而，罗马人很少一连数周都不聚会，有时甚至一周聚会数次。人民不仅行使主权体的权利，而且还行使一部分政府的权利。他们处理政事，也审判案件。参加公众集会的人民，既是公民，也是行政官员。

回顾各民族的历史，我们会发现，大多数古代政府，甚至像马其顿和法兰克人那样的君主制政府，都有类似的集会。无论如何，单是这个不容置疑的事实就足以回答一切难题了。我认为，从已有的情况推断可能的情况，这是很符合逻辑的。

第十三章

如何维护主权权威（续一）

聚集起来的人民批准一套法律并以此确定国家的体制，这是不够的。建立永久性的政府并一劳永逸地规定行政官员的选举办法，这也是不够的。除了在紧急情况下要举行集会外，还要召开固定的、定期的会议，不得任意取消或推迟。这样，在规定的日子，人民就会按照法律的要求集合起来，而不必专门召集他们。

除了这些依法定期举行的集会外，任何其他集会，即不是由专门负责此事的官员按照法定程序召集的会议，都是非法的，其作出的决议也都是无效的，因为召集会议的命令本身就应该依据法律发出。

合法集会的频率取决于许多因素，对此无法作出明确的规定。我们只能笼统地说,政府越强大,主权体就越应该经常地表达自己的意见。

有人会说,对单独一个城市来说,这样做或许是可行的,但如果一个国家包含许多个城市,那该怎么办呢?是不是要把主权分割开来?还是要将主权集中于一个城市,让其他城市都从属于它呢?

我的回答是,两种办法都不行。首先,主权权威是单一的整体,分割它就会被破坏它。其次,正如一个国家不能合法地隶属于另一个国家一样,一个城市也不能合法地从属于另一个城市,因为政治体的本质是服从和自由的统一,而“臣民”和“主权体”这两个词是相互关联的同义词,两者结合后就是“公民”这个词。

我还要回答说,把若干个城市结合成一个城市,这一定是错误的。如果这样做,肯定不能避免其中天然存在的弊端。不能以大国滥用权力为由去反对那些主张建立小国的人。但是,怎样才能让小国有力量抵抗大国呢?那就得像从前古希腊城邦抵抗大王[1]那样,或者像后来荷兰和瑞士抵抗奥地利

[1] 这里的“大王”指大流士一世(公元前550—前486),波斯帝国的第三位皇帝。——译注

王朝那样。

不过,如果不能把国家限制在适当的疆域内,那还有一个办法,就是不设立首都,把政府的驻地轮流地设置在各个城市,并依次在各个城市召开集会。

让人口在领土上均匀地分布,让各地人民都享有同等的权利,让富足与生机无处不在。唯有这样,国家才能强大,才能得到良好的治理。请记住,城墙是把乡村的房屋化为废墟才建成的。每当我看见宫殿在首都拔地而起时,我的脑海中就浮现出一个个村庄化为一片废墟的场景。

第十四章

如何维护主权权威（续二）

当人民作为主权体合法集会时，政府的权力就要终止，行政权力也要暂时中断。此时，底层的公民和顶层的行政官员同样神圣而不可侵犯，因为，既然被代表的人已亲自出席，也就不再需要什么代表了。罗马公民集会中发生的骚乱，大多是由于对这一规则的无知或忽视造成的。这时候，执政官不过是人民的主管，护民官不过是发言人①，而元老院则什么都不是。

在权力暂停期间，君主会承认也应该承认有一个实际的

① 这个词的意思与英国议会中的“议长”差不多。即使所有的职权都已中止，职能上的相似性还是会使执政官和护民官之间产生冲突。——原注

上级,这也正是他非常害怕的事情。人民集会能够保护政治体并遏制政府的权力,因而每时都是统治者的噩梦。于是,统治者总是费尽心机,提出反对、设置阻碍、许下诺言,以此来阻止公民集会。如果公民贪婪、懦弱、懒散、爱安逸胜过爱自由,他们就不能长期抵御政府的一再阻挠。于是,政府的阻碍力量不断加强,主权权威最终会消失,大多数城邦就是这样过早地消亡的。

然而,在主权权威和专制政府之间,有时会有一种中间力量,接下来我们要对此加以说明。

第十五章

论议员或代表

一旦公共事业不再是公民的主要事务，而人们宁愿花钱雇人也不愿意亲自为公众服务时，国家就离毁灭不远了。在需要出征作战时，他们就出钱雇兵，而自己待在家里；在需要集会时，他们就推选代表，而自己待在家里。懒惰和金钱产生了奴役国家的军队和出卖国家的代表。

由于人们忙于贸易和手工业，由于人们唯利是图、柔弱怠惰、贪图享乐，个人的亲自服务变成了花钱雇人替自己服务。人们让出一部分收益，为的是能有足够的时间挣更多的钱。出钱吧，很快你就会被套上枷锁。“钱财”是奴隶的用语，城邦中是没有这个词的。在一个真正自由的国家，所有事情都是公民亲自来做，而不是花钱让别人替自己去做。所以，他们绝不会为免除自己的义务而花钱,反而会为使自己有义务可履行而花钱。我对这个问题的看法与通常的观点相去甚远。我认为,与税收相比,劳役更符合自由的要求。

国家的体制越好,公共事务在公民心中的地位就越高于私人事务。私人事务甚至会变得非常次要,因为公共幸福构成了个人幸福的绝大部分,人们在个人私利方面的追求也就很少了。在治理得很好的城邦里,人人都踊跃参加集会。而在坏政府的治理下,谁都懒得挪动一步去集会,因为没有人对那里讨论的事情感兴趣,而且人们可以预见到,公共意愿在那里不会占上风,还有一点就是,人们已把全部精力都投入到个人私事上了。好的法律能让人们制定出更好的法律,而坏的法律则会产生更坏的法律。如果人们谈论国家事务时说:“这与我有什么关系?”那我们就可以预料,这个国家快要灭亡了。

爱国主义单薄,个人利益膨胀,国家庞大、东征西讨,政府滥权,所有这些都说明,公民集会中需要议员或代表。在一些国家,这些人竟被认为是第三等级。由此,两个等级[1]的个人利益被放在第一位和第二位,而公共利益只排在第三位。

主权不能被转让,同理,主权也不能被代表。主权本质上

〔1〕 指贵族和神职人员。——译注

是公共意愿,而意愿是不能被代表的。意愿要么是自己的,要么是别人的,绝不存在中间地带。因此,人民的议员不能也不可能是代表人们,他们只是人民的代理人,不能作出任何决定。未经人民亲自批准的法律都是无效的,完全不能称之为法律。英国人民自以为是自由的,但他们大错特错了,因为他们只有在选举议员时才是自由的。一旦选出议员,英国人民就会沦为奴隶,就什么都不是了。在短暂的自由时间里,英国人民运用自由的方式,注定会让他们失去自由。

"代表"的概念是近代才产生的。它来自封建政府,这种政府使人类堕落、玷污了人类的名声,是邪恶和荒谬的。在古代的共和政体以及君主政体中,人民从来就没有代表,他们甚至对"代表"这个词都闻所未闻。在罗马,护民官是非常神圣的,没人会想到他们会篡夺人民的权力,而他们也从未在群众集会中对自己的首领地位举行过全民投票。不过,人数众多有时会带来不便,格拉古[1]时代就出现过这样的情况,当时一些公民不得不从屋顶上扔下选票。

在权利和自由凌驾于一切的地方,不方便没什么大不了

〔1〕 格拉古(公元前168—前133),古罗马的护民官、政治家、平民派领袖。——译注

的。聪明的罗马人民把事情安排得恰到好处,他们让侍从官去做护民官不敢做的事,因为他们不担心侍从官有代表人民的企图。

要想知道护民官是如何代表人民的,只需了解一下政府是如何代表主权体的就行了。由于法律是对公共意愿的宣示,所以很明显,在行使立法权时,人民不能被代表。但在行使行政权时,人民可以也应该被代表,因为行政权不过是实施法律的权力。这样,仔细研究就会发现,真正拥有法律的国家是很少的。不管怎么说,可以肯定的是,护民官没有任何行政权,所以,除非他们篡夺了元老院的权力,否则就不能依据其职务上的权力来代表罗马人民。

在希腊,人民亲自去做自己应该做的所有事情。他们经常在公共广场上集会。希腊人生活的地方气候温和,所以人们生性不贪婪。奴隶把活儿都干了,人民关注的只是自由。但如果没有这些有利条件,那怎样才能保有同样的权利呢?你们生活在气候恶劣的地方,所以你们有更多的需求①。一年中有一半时间你们不能在公共会场集会,而你

① 生活在寒冷的国家,却要像东方人那样奢侈和懒散,这就等于给自己套上了枷锁。事实上,与东方人相比,我们更容易被奢侈和懒散打败。——原注

们说话含混不清,在露天广场上很难让人听清楚;你们更关心的是自己的收入而不是自由;你们更害怕的是贫穷而不是受奴役。

什么?难道自由只能依靠奴役才能维持?也许是的。这是两个极端会合在一起了。一切不符合自然规律的东西都有缺陷,政治社会尤其如此。在一些不幸的情况下,我们只能以牺牲他人的自由为代价来保有自己的自由,而只有当奴隶完全被奴役时,公民才能获得完全的自由。斯巴达的情况就是如此。至于你们这些现代人,你们没有奴隶,但你们自己就是奴隶;你们用自己的自由换来了奴隶们的自由。你们对此自鸣得意,但我认为你们这样做是由于懦弱而不是出于人道。

我不是说必须要有奴隶,也不是说奴役权是合法的,而且我在前文中已经论证过,这是错误的。[1] 我只是想说明,为什么自以为自由的现代人需要有代表,而古代人却没有代表。无论如何,当人民为自己选出代表时,他们就不再是自由的了,人民也就不复存在了。

综上所述,我认为,只要城邦不是特别小,主权体今后就

---

〔1〕 参见本书第一卷第二章、第四章。——译注

不可能在我们当中继续行使其权利。但是,如果城邦非常小,它会被外人征服吗?不会的。我将在后面说明,[1]如何把小国的易于管理和良好秩序与强大民族的外在力量结合起来。

① 我打算在后续的作品中讨论这个问题,在探讨对外关系时,我会讨论联邦制。这是个全新的主题,其原则还有待确定。——原注

第十六章

政府的创建不是一项契约

立法权确立后,紧接着就要确立行政权。行政权通过具体的行为来发挥作用,因而与立法权在本质上是不同的,自然要与立法权相分离。如果主权体拥有行政权,权力和事实就会混杂在一起,这样就没人能分清,什么是法律,什么不是法律。政治体也会因此变质,很快就会沦为暴力的牺牲品,但政治体本是为了反抗暴力而创建的。

按照社会契约,所有公民都是平等的。所以,对于所有人都应该做的事,应该由全体公民来规定,而对于自己不愿意做的事,就无权要求别人去做。这对于政治体的生存和运行是必不可少的,而主权体在创建政府时赋予统治者的,正是这种权利。

很多人声称,创建政府的行为是人民与他们选出的统治者之间的一项契约;该契约规定了双方的义务,一方的义务是发号施令,另一方的义务是服从。但我认为这个契约很奇怪,那就让我们来看看,他们的观点是否站得住脚。

首先,最高权威不能被转让,同样地,它也不能被修改,而限制它就会毁坏它。主权体为自己设置一个上级,这是荒谬的和矛盾的。自己让自己服从一个主人,就会回到完全自由的状态中去。

其次,人民与某些人之间的契约显然是一种个别行为。可见,这种契约既不是法律,也不是主权行为,因而也就是不合法的。

最后,很明显的是,缔约双方只受自然法则的约束,其相互间的承诺没有任何保障,这种情况完全不符合政治状态。如果掌握权力的人在执行契约时可以随心所欲,那下面这种行为也可以被冠以"契约"之名,那就是,一个人对另一个人说:"我把自己的一切都给你,你还给我多少随你的便。"

国家只有一个契约,那就是结成社会共同体的契约。有了这个契约,就不能有其他契约。我们无法想象,会存在不违背这个原始契约的任何其他公共契约。

第十七章

论政府的创建

那么,该如何理解创建政府的行为呢?我首先要指出的是,这是一种复合的行为,它由两个行为构成——法律的制定和法律的执行。

在第一种行为中,主权体颁布法令,要以某种形式建立政府。显然,这一法令就是法律。

在第二种行为中,人民任命官员来管理已建立的政府。这一任命是一种个别行为,因此不是法律,而只是前一种法律的结果,是政府的一项职能。

难以理解的是,在政府产生之前,怎么会有政府行为?还有,作为主权体或臣民的人民,为何在某些情况下成了君主或行政官员?

在这里,我们看到了政治体一个惊人的特性,它使政治体能够调和看似矛盾的行为。这一特性是由于主权突然转化为民主制而产生的,于是,在没有明显变化的情况下,仅仅基于一种新的全体对全体的关系,公民就变成了行政官员,普遍行为成了个别行为,从制定法律过渡到了执行法律。

这种关系上的变化绝不是玄虚的理论,而是被实践证实了的。在英国议会中,这种情况每天都在发生。在某些场合下,下议院变成了议会委员会,以便更好地讨论事务。这样一来,前一刻它还是主权体的会场,下一刻就变成了一个单纯的委员会。随后,它要作为议会委员会就其决议向作为下议院的自己作出报告,在那里重新讨论自己以另一个名义已经解决了的问题。

事实上,民主制政府的独特优势在于,它可以通过公共意愿的简单行为得以确立。此后,这个临时政府就以这种形式继续执政,或者以主权体的名义依法建立一个政府。这样,一切都是按规则进行的。要遵循上述原则并依据法律创建政府,这是唯一的方式。

第十八章

防止政府篡权的方法

以上论述可以进一步证明第十六章的结论,即创建政府的依据不是契约,而是法律。掌管行政权力的人不是人民的主人,而是人民的公仆;人民可以按照自己的意愿委任或罢免他们,而他们不能与人民订立契约,只能服从人民;他们在承担国家交付的职责时,只不过是在履行自己的公民义务,而无权对此讨价还价。

因此,当人民建立一个世袭政府时,无论这个政府是家族内部世袭的君主制政府,还是在某个阶级中世袭的贵族制政府,人民都没有作出任何承诺。人民只是选择了一种临时的政府形式,而人民可以随时选用其他形式。

当然,这种改变往往是很危险的。所以,除非政府与公共利益水火不容,否则千万不要触动已确立的政府。然而,这种考虑只是政治策略而不是法律规定。正如国家无须把军事权威交给将军们一样,国家也无须把公共权威交给首领们。

当然,在这种情况下,要想把正当合法的行为与煽动性的骚乱区分开来,把全体人民的意愿与派系的喧嚣区分开来,就要十分小心谨慎。此时最重要的一点是,当政府面对自己认为是特别危险的权利要求时,它就只允许根据法律必须允许的事情。君主从中获得了很大的好处,可以抛开人民的意愿来维护自己的权力,还不会被指责是篡夺权力。表面上看,君主是在行使自己的权利,其实他很容易扩大这些权利,并以维护公共安全为借口,阻止那些旨在重建良好秩序的集会。这样一来,人民被迫保持沉默,或由此产生骚乱,君主可以利用这些,把那些因恐惧而沉默的人说成是拥护他的,并对那些敢于抗议的人进行打压。罗马的十人会议就是这样的,当选时的任期是一年,此后延长一年,再后来就禁止人民集会,以此长久地掌控权力。任何一个政府,一旦被赋予了公共权力,迟早都会用这种简单的方法篡夺主权体的权力。

我前面谈到的定期集会,[1]可以防止或推迟这种不幸的发生,尤其是在集会无须正式召集的时候。因为,君主阻止人

〔1〕 参见本书第三卷第十三章。——译注

民召开集会,就等于公开宣告自己是违法者和国家的敌人。

这些集会的唯一目的是维护社会契约,集会开始时应讨论两个议题,这两个议题绝不能被取消,而且要分别投票表决。

第一个议题是:主权体是否愿意保留当前的政府形式?

第二个议题是:人民是否愿意让现任的官员继续管理行政事务?

至此,我认为我已经证明了自己的观点,那就是,国家中没有不能被废除的基本法律,即使社会契约也不例外。因为,如果全体公民集会,一致同意废除契约,毫无疑问,这个契约就会被合法地废除。格老秀斯甚至认为,每个人都可以放弃自己作为国家成员的资格,并在离开祖国时重获天然的自由和财产①。每个人自己可以做的事,如果所有公民集合在一起时却不能做,那就是太荒谬了。

---

① 当然,前提是,不能为了逃避义务而离开祖国,也不能在国家需要时拒绝为自己的国家服务。在这种情况下,逃离就是犯罪,就要受到惩罚。这不是退出,而是背叛。——原注

第四卷

第一章

公共意愿是不可摧毁的

如果若干人聚集在一起成为一个整体,他们就只有一个意愿——维护共同生存和整体利益。在这种情况下,国家的力量既强劲又简单,其原则也一目了然,没有错综复杂的利益冲突,公共利益处处清晰可见,稍加留心就能发现。和平、团结、平等与政治阴谋势不两立。正直淳朴的人不容易受骗,原因就在于他们的单纯。诱惑和花言巧语对他们不起作用,他们还没有精明到上当受骗的地步!看看那些世界上最幸福的民族,农民们在橡树下商讨国事,他们总是能作出明智的决定。而另外一些国家,由于玩弄权术而把自己搞得臭名昭著又痛苦不堪,我们难道不会对这种所谓的精明嗤之以鼻吗?

这样治理的国家不需要很多法律。而且,当需要新的法律时,其必要性人人都能看出来。第一个提议颁布新法律的人,只不过是说出了所有人的想法罢了。只要他确信其他人和他想法一致,无须阴谋和雄辩,他就能把大家都同意的事制定成法律。

理论家们认为,上述治理方式是无法适用的,可是他们错了,因为他们只看到了从一开始就构建得不好的国家。一想到聪明机警的骗子或巧舌如簧的演说者竟能让巴黎或伦敦的人们相信各种奇谈怪论时,他们就发笑。但他们没有意识到,克伦威尔〔1〕若是在伯尔尼,就会被人民关进钟楼〔2〕,而博福尔公爵〔3〕要是到了日内瓦,也会被人民囚禁起来。

可是,当社会纽带开始松弛、国家逐渐衰弱时,当个人利益逐渐显现、小集团开始影响大社会时,共同利益就会发生变化,其对立面就会出现。此时,不再有投票时全体一致的情况,公共意愿不再是所有人的意愿,冲突和争吵随之出现,即

〔1〕 克伦威尔(1599—1658),政治家、军事家,英吉利共和国首位护国公。——译注

〔2〕 关进钟楼,伯尔尼惩罚破坏公共秩序的罪犯的方式。——译注

〔3〕 博福尔公爵(1616—1669),法国亲王,投石党运动的领袖,人称“市井国王”。——译注

使是最好的建议，也要经过一番争执才能被采纳。

最后，濒临灭亡的国家只剩下虚幻空洞的外壳，社会纽带在人们心中断裂，最卑鄙的个人利益公然披上了神圣的“公共利益”的外衣。此时，公共意愿沉默了，人人都在为自己盘算，不再以公民的身份发声，就像国家从未存在过一样；为获得个人利益，人们打着法律的旗号通过各种不公正的法令。

公共意愿是否会因此就消亡或腐化了呢？不会的。公共意愿是永恒的、不变的和纯洁的，只不过它可能会屈从于占据上风的其他意愿。每个把个人利益从公共利益中分离出来的人都能清楚地看到，他无法把二者彻底分开。只不过，在他看来，与自己期得到的非己莫属的好处相比，对公共利益造成这点损害是微不足道的。除了这种个人的好处，他还会像其他人一样为了自己的利益强烈地追逐公共利益。即使在为了金钱而出卖自己的选票时，公共意愿在他心中也没有消失，只是被掩埋了。他的错误在于，对人们提出的问题答非所问，而且改变了问题的实质。在投票时，他不是在考虑：“这对国家有利。”而是在想：“这个方案对某人或某党派有利。”这样一来，集会中公共秩序法则的主旨就不是维护公共意愿，反而是经常质疑公共意愿并确保得到答复。

我本想谈一下主权行为中的投票权，这是公民不可剥夺的权利。我还想谈谈发言权、提议权、分议权和讨论权,政府总是煞费心机地将这些权利全都留给自己的成员。但这一重要议题需要专文探讨,这里无法详尽阐述。

第二章

论投票

上一章的论述表明,管理一般事务的方式可以清楚地体现出道德风尚的实际情况和政治体的健康状态。人们在集会中越是齐心并力,也就是说,意见越是趋于全体一致,公共意愿就越占上风。反之,长久的争论、分歧和吵闹则表明,个人利益盛行,国家在衰落。

当国家体制中包含两个或更多的等级时,上述规则似乎就不那么明显了。比如罗马,贵族和平民之间的争吵经常把公民集会搅得乱成一团,即使是在共和国鼎盛时期也是如此。但这种例外多半只是表面上的,而不是真实情况。因为在当时的情形下,由于政治体固有的缺陷,可以说罗马之内有两个国家,上述规则虽然对合二为一的国家不正确,但对其中任何一个国家都是正确的。事实上,即使在最动荡的时期,只要元老院不干涉,全民投票就能和平地进行,并且能按照多数票作出决议。公民只有一种利益,所以人民也只有一种意愿。

全体一致的意见也会出现在循环的另一极端,那就是,公民失去了自由和意志,陷入了奴役状态。此时,恐惧和阿谀把投票变成了一片喧闹,人们或是赞颂或是咒骂,再也不讨论了。罗马皇帝统治下的元老院就是用这种可耻的方式发表意见的。这种做法有时又谨慎得可笑。据塔西佗的记载,在奥托[1]时期,元老们大骂维特里乌斯[2]时,故意发出震耳欲聋的声音,为的是万一维特里乌斯掌权了,他无从知晓元老当中每个人都说了什么。

从以上论述中可以推导出一个准则,那就是,应该根据公共意愿被认知的难易程度和国家的盛衰状况来确定计算选票和分析民意的方式。

只有一种法律从其本质上来说需要全体一致同意,那就是社会契约,因为政治上的联合是所有行为中最自愿的。每

[1] 奥托(32—69),罗马帝国第七位皇帝,“四帝之年”(四帝内乱期)时期第二位皇帝。——译注

[2] 维特里乌斯(15—69),罗马帝国第八位皇帝,“四帝之年”时期第三位皇帝。69 年 4 月,维特里乌斯的部队击败了皇帝奥托,奥托自杀,维特里乌斯成为罗马皇帝。——译注

个人生来都是自由的,天生就是自己的主人,所以任何人都不得以任何借口、未经本人同意就奴役一个人。断言奴隶的儿子天生就是奴隶,就等于是说奴隶生来就不是人。

如果在订立社会契约时有反对者,那这种反对并不会导致契约无效,只是反对者会被排除在契约之外而已。这些反对者是公民中的异类。国家成立后,居住就意味着认可,在其境内居住就意味着要服从其主权①。

除了这个原始契约外,多数人的投票能够约束所有其他人。这是由契约本身决定的。可是,有人会问,一个人怎么可能既是自由的,又要被迫服从别人的意愿呢?作为反对者的少数人,怎么能既是自由的,又要服从自己不同意的法律?

我要回答说,这个问题问得不对。公民对所有的法律都是认可的,包括那些违背其意愿而通过的法律,甚至还包括那些一旦违反就会使其遭受惩罚的法律。国家全体成员的恒定意愿是公共意愿,这一意愿使他们成为公民并且获得了自由②。

---

① 这当然应该理解为适用于自由的国家。因为在其他地方,家庭、财物、无处安身、生活必需品和暴力等因素可能使一个人被迫留在一个国家。这样,单凭他在那里居住,并不能判断他是同意还是反对契约。——原注

② 在热那亚,"自由"这个词刻在监狱正面和囚犯的锁链上。这样做是正确和公正的。实际上,在各地,只有坏人才会阻挠公民获得自由。如果所有这些人都被送去做苦役,这个国家的人民就能享有最完美的自由。——原注

在人民在集会上提出一项法案时，人们要回答的不是赞成还是反对该法案，而是这个法案是否符合公共意愿，而这个公共意愿就是他们自己的意愿。大家通过投票表达自己对这个问题的意见，统计票数后就产生了公共意愿。因此，若是与我相反的意见占了上风，这就证明我错了，说明我所认为的公共意愿并非公共意愿。如果我的个人意见竟然胜过了公共意愿，那我所做的事情就违背了自己的意愿，此时我也就不再自由了。

当然，这里的前提是，公共意愿的全部特性体现在多数人的意见中。如果不是这样，那人们无论站在哪一边，都没有自由可言。

之前[1]在讨论个别意愿如何在公众讨论中取代公共意愿时，我充分阐述了预防这种流弊的可行的方法，后面[2]我还会对此进行论述。关于宣告公共意愿应达到的票数比例，我也阐述了其中的各项原则。[3] 一票之差会打破双方对等，而有一票反对就不能实现全体一致。而在双方对等和全体一致之间，又有多种不同的分配，各种分配比例要根据政治体的

---

〔1〕 参见本书第二卷第三章、第三卷第十八章。——译注

〔2〕 参见本书第四卷第三章和第四章。——译注

〔3〕 参见本书第一卷第五章。——译注

状况和需要来确定。

有两条普遍的规则可以用来确定这种比例关系。第一，所讨论的事情越是重要，胜出的意见就越应该接近全体一致的意见。第二，要决定的事情越是紧急，双方票数的差额就应该越小；对于必须立即作出决定的事，胜出一票就足够了。第一条规则似乎更适合于法律的制定，而第二条则更适合于处理实际事务。无论如何，二者结合起来才能确定必要多数的最佳比率。

第三章

论选举

我曾说过[1],选举君主和行政官员是一种复合行为,可以通过投票和抽签两种方式进行。在各个不同的共和国中,这两种方式都曾被采用过。而在现今的威尼斯大公选举中,仍然可以看到这两种方式的复杂结合。

孟德斯鸠说:“抽签符合民主制的本质。”我同意这一点,但具体的理由是什么呢?他接着说:“抽签是一种对任何人都公平的选举方式,它使每个公民都能有为国家服务的合理希望。”但这并不是其中的原因。

如果我们注意到,选举首领是政府的职能而不是主权体的职能,那我们就会明白,为什么抽签更符合民主制的本质。

〔1〕 参见本书第三卷第十七章。——译注

在民主制中,行政机关的作为越少,行政管理的效果反而越好。

在真正的民主制中,行政官职不是一种特权,而是沉重的负担,把它强加给任何人都是不公平的。法律可以规定,这一职责应当由被抽中的人承担。抽签的条件对所有人来说都是一样的,而且任何人都不能决定抽签的结果,所以在这当中法律的普遍性不会被个人的行为所破坏。

在贵族制中,君主选择君主,政府自己维护自己,所以投票非常适合这种制度。

威尼斯大公选举的例子并非否定而是证实了这两种方式的区别。那种混合的形式正适合混合政府。威尼斯的政府是混合式的;认为它是真正的贵族制政府,那是错误的。虽说那里的人民在政府中没有一席之地,但贵族自己就是人民。一大批可怜的巴拿波特人[1]从未得到过任何行政职位,贵族身份带给他们的仅仅是“阁下”这个虚名和参加大议会的权利。这个大议会的人数与日内瓦大议会一样多,所以,即使是地位显赫的成员,其享有的特权也不会比我们的普通公民多。毋庸置疑的是,尽管这两个国家在许多方面都极为不同,但日内

〔1〕 巴拿波特人,威尼斯的贫穷贵族,居住在圣巴拿波的贫民区。——译注

瓦的资产阶级恰好相当于威尼斯的贵族,我们的土著和居民相当于威尼斯的市民和人民,我们的农民相当于威尼斯陆地上的臣民。总之,无论如何看待威尼斯,如果不考虑地域的大小,它的政府并不比我们的政府更接近于贵族制。唯一的区别在于,我们没有终身的首领,所以我们不用抽签的方式来选举。

在真正的民主制中,抽签几乎没有什么缺点。因为在这种制度下,不论是在品行和才能方面,还是在道德和财富方面,人人都是平等的,所以谁当选都无所谓。但我正如曾说过的那样,〔1〕真正的民主制是不存在的。

当投票和抽签结合使用时,投票应当用于需要特殊才能的职位,如军事职务。而抽签则应适用于只需理智、公正和廉洁就能胜任的职位,如审判职务,因为在一个体制良好的国家里,所有公民都具备这些品质。

在君主制政府中,抽签和投票都用不上。君主是法定的、唯一的统治者和行政长官,只有他才有权选择自己的下属。当圣皮埃尔〔2〕神父在提议〔3〕扩充法国的御前会议并通过

---

〔1〕 参见本书第三卷第四章。——译注

〔2〕 圣皮埃尔(1658—1745),法国作家、思想家,原名查理·伊赖内·卡斯岱尔,因生于圣皮埃尔教堂,故被称作圣皮埃尔神父。——译注

〔3〕 指圣皮埃尔神父在其著作《论各部会议制》中提出的观点。——译注

投票选举其成员时,他没有意识到,自己实际上是在提议改变政府的形式。

我现在应该谈一谈人民大会上投票和计票的方法。可是在这方面,对罗马政治制度的描述或许可以更清楚地阐明我提出的原则。一个有二十万成员的集会〔1〕如何处理公共事务和私人事务,仔细研究一下这个问题,对于慎思明辨的读者来说,是大有裨益的。

〔1〕 指罗马的人民大会。——译注

第四章

论罗马的人民大会

关于罗马早期的历史,我们没有可靠的记载,而关于罗马的大部分说法,很可能只是神话传说。事实上,民族历史中最具启发性的部分,是其创建的历史,这又恰恰是我们所知最少的部分。经验每天都在告诉我们,各个帝国为什么发生了革命。然而,由于各民族都已形成,所以关于它们当初是怎样形成的,我们只能靠猜测来解释。

我们已知的习俗表明,这些习俗都是有起源的。传统由这些起源发展而来,它们能得到最大权威的支持并被最有力的证据所证实,所以是最可靠的。我在探究世界上最自由、最强大的民族如何行使其最高权力时,所遵循的就是这一原则。

罗马共和国诞生时，由阿尔班人[1]、萨宾人[2]和外邦人组成的建国者军队被划分为三个种类，之后被称为“部族”。每个部族又被分为十个库里亚，每个库里亚又被分为若干个德库里亚。库里亚和德库里亚的首领分别被称为库里昂和德库里昂。

此外，从每个部族中征集一百名骑兵或骑士组成一支队伍，称为“百人团”。由此可见，这些划分只是出于军事上的目的，在城市里并无必要。然而，似乎是出于追求伟大的本能，罗马这个小城早就为自己配备了一套与世界之都地位相称的政治制度。

然而，这种划分很快就出了问题。阿尔班人和萨宾人的部族始终维持原状，而外邦人的部族则因越来越多的外邦人迁入而不断壮大，这一部族的力量很快就超过了另外两个部族。针对这种危险的状况，塞尔维乌斯的解决办法是改变划分方式，他废除了按种族划分的方法，取而代之的是根据居住地来划分部族。他把原来的三个部族变成了四个，每个部族占据一座小山，部族就以此山命名。这样既解决了当前的不

---

〔1〕 阿尔班人，居住在罗马东南部阿尔班山上的人。——译注

〔2〕 萨宾人，定居在罗马奎里纳尔山上的山民和牧民。——译注

平等问题,也预防了未来可能出现的不平等。同时,这种划分既针对地区也针对人,一个地区的居民不得迁移到另一个地区,这就防止了各个种族之间的相互混杂。

塞尔维乌斯还将原来的三个百人团扩充了一倍,又新增了十二个百人团,而且还保留了原来的名称。用这个简单又聪明的方法,他把骑士部队和人民团体区分开来,使人民毫无怨言。

除了这四个城市部族外,塞尔维乌斯还设置了十五个乡村部族,由居住在十五个乡村地区的村民组成。随后,又增加了十五个,罗马人最终被分为三十五个部落,一直到共和国结束都是这样。

城市部族和乡村部族的这种划分产生的后果值得关注,因为这种后果是前所未有的,而且罗马道德风尚的存续和帝国的扩张都归因于此。人们本以为,城市部族很快会夺取权力和荣耀,并不失时机地将乡村部族踩在脚下。但事实恰恰相反。我们都知道,古代罗马人热爱乡村生活,这种热爱得益于他们贤明的创建者[1],这位创建者将自由与农业和军事联

〔1〕 这里的“贤明的创建者”指罗慕路斯,传说他在公元前 753 年创建了罗马城。——译注

系在一起，而把艺术、工艺、阴谋、财富和奴役推给了城市。

罗马优秀的公民都生活在农村，以耕种土地为生，所以农村就成了人们寻找共和国的中流砥柱的地方。于是，大家都很推崇这种高贵的贵族的生活方式。比起罗马市民游手好闲的生活，村民简朴勤劳的生活更受欢迎。城里可怜的无产者，一旦去田间劳动，就会成为受人尊敬的公民。瓦罗〔1〕说："我们伟大的祖先在农村建立了培养强壮的勇士的营地，这是有道理的，这些人在战争时期能够保家卫国，在和平时期又能养家糊口。"普林尼〔2〕也说，乡村部族因其成员而受到尊重，如果要贬低懒汉，就把他们赶到城市部族去受人羞辱。萨宾人阿皮乌斯·克劳迪乌斯〔3〕来罗马定居时备受尊敬，他加入了一个乡村部族，之后这个部族便以他的姓氏命名。到后来，获得自由的奴隶全都加入了城市部族而没有加入乡村部族。尽管获释的奴隶可以成为公民，但在整个共和国时期，他们中

〔1〕 瓦罗，指马尔库斯·铁伦提乌斯·瓦罗（公元前116—前27），古罗马著名政治家、学者，曾担任执政官。——译注

〔2〕 普林尼（23—79），古罗马作家、史学家。——译注

〔3〕 阿皮乌斯·克劳迪乌斯（约公元前4世纪—前3世纪），古罗马政治家，曾担任监察官、执政官及大法官等职务。他参加并主持了罗马的十人会议，是《十二铜表法》的制定者之一。——译注

没有一人进入行政机构[1]。

这是一个很好的规则，但在实施时过了头、变了质，最终导致了政治制度的败坏。

首先，监察官长期把持着任意将公民从一个部族转移到另一个部族的权力，到后来，他们竟允许大多数人自行决定加入哪个部族。这种允许当然没什么好处，而且还剥夺了监察官的主要职权。此外，达官显贵们都加入了乡村部族，而获得自由的奴隶和普通民众则留在了城市部族。这样，部族就不再是按照地方或区域划分了。所有的部族混杂在一起，除非借助登记册，否则无法分辨各个部族的成员。于是，“部族”一词从地域上的意义转变成了人格上的意义，或者不如说，已经徒有虚名了。

此外，由于地理位置的缘故，城市部族在集会时往往更为强大，而且还会把国家出卖给那些从无耻之徒手中贿买选票的人。

由于建国者[2]在每个部族各设立了十个库里亚，所以当时的罗马城由三十个库里亚组成，每个库里亚都有自己的庙

[1] “进入行政机构”指担任行政官员。——译注

[2] “建国者”指罗慕路斯。——译注

宇、神明、官员、祭司,还有自己的节日,被称为“大路节”[1],类似于后来乡村部族的乡村节[2]。

在塞尔维乌斯采用新的划分方法时,这三十个库里亚不能平均分配到四个部族中去,而他又不愿改变库利亚的现状,于是库里亚就从部族中独立出来,成了罗马居民的另一种划分方式。但是,库里亚对乡村部族和其成员没有任何影响,因为这些部族已经变成纯粹的民间机构。而且,由于征兵有了新的制度,所以罗慕路斯时代军事性的划分方法也就无用了。这样一来,虽然公民都被编入了各个部族,但多数人并不是库里亚的成员。

塞尔维乌斯还做了与前两种划分截然不同的第三种划分,就其效果而言,这是三种划分中最重要的一种。他把罗马人分为六个阶层,划分的标准不是地域或身份,而是财富。这样,上等阶层全是富人,下等阶层全是穷人,而中间阶层是财产不多不少的人。这六个阶层又被分为一百九十三个团体,称为百人团。这些百人团的分配很不均匀,第一阶层占了一半以上,而最后一个阶层只组成了一个团。于是,人数最少的

[1] 大路节,古罗马纪念守护神的节日,因在大路上举行而得名。——译注

[2] 乡村节,古罗马乡村纪念农神和地神的节日。——译注

阶层却拥有最多的百人团，而最后一个阶层，虽然其人数占罗马居民的半数以上，但却只能算作一个百人团。

为了掩盖这种分配的后果，塞尔维乌斯为它添加了一层军事色彩。他在第二阶层中组建了两个军械师百人团，在第四阶层中组建了两个武器制造百人团。除了最后一个阶层，其他各阶层的人都分成了年轻人和老年人，也就是说，分成应当服兵役的人和因年龄免服兵役的人。由于这种划分依据的是年龄而不是财富，所以需要经常进行人口统计。最后，他要求集会在马尔斯广场[1]上举行，所有达到服兵役年龄的人都要携带武器参加。

塞尔维乌斯没有把最后一个阶层的人分为年轻人和老年人，原因在于，这一阶层的人没有持枪保卫国家的权利。首先要有家，然后才有保卫家园的权利。如今，国王的军队里充斥了不少乞丐，但要是在罗马时期，这些乞丐恐怕全都会被鄙夷地赶出军队，因为士兵在那时可是自由的捍卫者啊。

最后一个阶层又被进一步划分为无产者和"按人头计数的人"。无产者并非一无是处，他们至少还是国家的公民，在紧急时期甚至还能成为士兵。而"按人头计数的人"则毫无

---

[1] 马尔斯广场，古罗马的一个广场，位于罗马城之外。——译注

价值和地位，只能通过数人头来计算他们的人数，直到马略[1]时代，这些人才开始被征召入伍。

暂且不论这第三种划分是好是坏，可以肯定的是，这种划分方法之所以可行，完全是因为早期罗马人简单淳朴、大公无私，他们热爱农业，十分鄙视商业和牟利。而现代人却贪得无厌、浮躁不安、诡计多端、漂移不定、变化无常，他们怎能让这样的制度持续二十年而不把国家搞得天翻地覆？还要指出的是，罗马的道德风尚和监察机制比这一制度更强大，能够纠正这种制度的缺陷。例如，富人如果过分炫耀自己的财富，就会被贬为穷人。

根据以上的叙述，我们很容易理解，为什么虽然实际上有六个阶层，但人们一般只会提到五个阶层。第六阶层既不能参加军队，也不能在马尔斯广场上投票，①对国家几乎没有任何用处，所以很少被人看在眼里。

以上就是罗马人民的各种划分方式。现在我们来看看这些划分对集会的影响。合法召开的集会称为人民大会，通常

---

〔1〕 马略，古罗马著名政治家、军事家，曾担任七届执政官。——译注

① 我之所以说“在马尔斯广场”上，是因为百人团大会是在这里召开的。在其他两种形式中，人们在公共会场或其他地方集会，在这种情况下，按人头计数的人和最高等级的公民具有同样的影响力和权威。——原注

在罗马的公共广场[1]或马尔斯广场举行，根据召集的形式分为库里亚大会、百人团大会和部族大会三种。库里亚大会是罗慕路斯创建的，百人团大会是塞尔维乌斯创建的，部族大会是护民官创建的。唯有人民大会才能通过法律和选举行政官员。由于所有公民都被编入了库里亚、百人团和部族，因此每个公民都有投票权，罗马人民在法律上和事实上都是真正的主权者。

要使大会的召开具有合法性，并使大会通过的决议具有法律效力，必须满足三个条件：第一，召集大会的机构或行政官员必须有相应的权力；第二，大会必须在法定的日期举行；第三，占卜的结果必须是吉兆。

第一条的原因无须解释。第二条是政策问题。在节日或集市日不能举行集会，因为那时乡下人要进城办事，没有时间整天待在公共广场上。借助第三条，元老院可以驾驭骄躁的人民，并且可以及时缓解护民官煽动性的狂热，不过，护民官也想出了许多对策。

人民大会要决议的事项，并不仅限于制定法律和选举官

---

〔1〕“公共广场”指古罗马城中的一个广场，建在一个小山谷中。这个广场是古罗马人公共生活的场所，人们在这里庆祝节日、进行选举、举行各种表演，这里还是商业活动的中心。——译注

员。罗马人民承担着政府最重要的职能,可以说,欧洲的命运都是由人民大会决定的。召开大会的目的各种各样,因此大会要根据待表决的事项而采取不同的形式。

要评判这些不同的形式,只需对它们进行比较就够了。罗慕路斯设立库里亚的用意是,让人民制约元老院,反过来又让元老院制约人民,这样他就能把两者都控制住。于是,他用这种方式使人民在数量上占据了优势,以此制衡贵族在权力和财富上的优势。不过,按照君主制的精神,贵族们还是占有更大的优势,因为受他们保护的人可以影响投票的结果。这种保护者和被保护者的制度实在令人赞叹,这是政治和人道的杰作,没有它,公然违背共和制精神的贵族制就不可能维系下去。只有罗马有此殊荣为世界树立了伟大的榜样,这一制度没有什么弊病,后来却也没人效仿。

库里亚这种形式在王政时期长期存在,一直持续到塞尔维乌斯时期,而末代的塔尔干王朝又被认为是不合法的,所以王政时期的法律通常被称为库里亚法。

在共和国时期,库里亚只局限于四个城市部族,仅包括罗马城的平民,所以这种形式既不适用于代表贵族的元老院,也不适用于护民官,因为护民官虽然是平民,但却代表着富裕的公民。这样,库里亚逐渐失去了威信,最终,三十名役使集合起来竟然就能处理本应由库里亚处理的事情。

百人团的划分对贵族十分有利。起初人们很难弄明白，为什么元老院在百人团大会中总是落败？这个大会以“百人团”命名，执政官、监察官和其他坐象牙椅的行政官员[1]都由它选出。事实上，在罗马六个阶层组成的一百九十三个百人团中，第一阶层就占了九十八个。由于选票是按百人团的数目来计算的，所以单单第一阶层的票数就超过了其他各阶层票数的总和。当第一阶层所有的百人团都达成一致时，就不必再统计其他阶层的票数了。这样，少数人的决定被看成是多数人的决定。可以说，在百人团大会中，作出决议的依据是财富的多少而不是票数的多少。

不过，这种极端的权威在两个方面得到了修正。首先，护民官往往来自富人阶层，而且许多平民也属于富人阶层，这就削弱了贵族在第一阶层的影响。

其次，百人团不是按照阶层的顺序投票，否则第一个阶层就会总是最先投票。人们通过抽签选出一个百人团，首先让它单独投票。之后在另一天，其他的百人团按照各自的等级

[1] 象牙椅是古罗马高级行政官员的座凳，用象牙镶嵌，有资格坐象牙椅的官员主要有执政官、大法官和独裁官。——译注

顺序被召集起来投票,最后一并确认投票结果。这样,示范的权威就与阶层无关,而是根据民主制的原则由抽签决定。

这种做法还有一个好处。在两次选举之间,乡村的公民有时间了解被临时任命的候选人,这样就不会盲目投票了。不过,这一做法最终还是被废除了,借口是要速战速决,于是两次选举就放在同一天举行了。

严格说来,部族大会才是罗马人民的议会,它只能由护民官来召集,会上选举护民官并表决平民制定的法律。元老院在这里毫无地位,甚至无权出席。元老们只能服从自己无权表决的法律,在这一点上,他们还不如末等公民自由。这种不公正的做法是很不妥当的,并非所有的成员都能参加投票,而仅此一点就足以使这个大会通过的法令无效。当贵族凭借自己作为公民的权利参加大会时,他们就是普通人,对表决不会产生很大的影响,因为投票是按人头计算的,最卑微的无产者也同最高贵的元老是一样的。

由此可见,在如此众多的人民投票时,有各种不同的分配方式,这些分配方式遵循不同的次序。分配方式本身并不是无关紧要的形式,它们都有预期的效果,而这些预期正是人们选择某种分配方式的原因。

我们不必详述,仅从上面的论述即可看出,部族大会最有利于民主制政府，而百人团最有利于贵族制政府。至于以罗马民众为主体的库里亚大会，会助长暴政和阴谋诡计，所以饱受诟病，就连叛乱分子都不使用这种可能会暴露自己计划的方法。毋庸置疑的是，罗马人民的威严只有在百人团大会中才能体现出来，因为这是唯一包含所有公民的大会，而库里亚大会缺少乡村部族，部族大会又把元老院和贵族排除在外。

早期罗马人的计票方法，虽然没有斯巴达的那么简单，但也是十分简单的，恰如他们淳朴的民风。每个人都大声宣布自己的选票，由书记员记录下来。每个部族的多数票决定该部族的表决结果，而各部族间的多数票就是全体人民的表决结果。库里亚和百人团也是如此。只要公民都很诚实，只要人人都羞于支持不公正的提案或不合格的候选人，这种投票方法就是很好的。但是，当民风败坏、贿选通行时，就要采用秘密投票的方法，这样收买选票的人就无法信任出卖选票的人，这种不信任可以制约贿选者，流氓无赖也就不至于沦为叛国者了。

我知道，西塞罗[1]批判了这种投票方式的变化，认为这

---

[1] 西塞罗（公元前106—前43），古罗马著名政治家、哲学家和法学家，因善于雄辩而成为罗马重要的政治人物，曾于公元前63年当选为执政官。——译注

是共和国毁灭的原因之一。尽管我知道西塞罗的权威应具有的分量,但我却不同意他的观点。相反,我认为,如果没有这种变革,国家就会加速灭亡。就像健康人的饮食不适合生病的人一样,适用于良民的法律也不能用于治理堕落了的人民。威尼斯共和国的长期存在是这一论点的最好证据。这个国家的影子至今犹存,就是因为它的法律只适用于邪恶的人。

就这样,每个公民都领到一块用于书写选票的方板,这样投票时就可以对自己的意见保密。同时,关于收回选票、统计选票和比较票数等,也确立了新的程序。尽管如此,负责这些工作的官员的诚信还是无法保证。最终,人们制定法令以防止投票舞弊和贿买选票,但法令数量过多,反而表明这些法令实际上没有什么用处。

在罗马共和国末期,人们不得不经常寻求权宜之计来弥补法律的不足。有时是假托神迹,但这种招数只能欺骗民众,却骗不了执政者。有时是突然召集大会,这样候选人就没有时间搞阴谋诡计。有时,当看到人民已经被拉拢,即将作出错误决定时,就一味空谈,把大会时间消磨掉。但最终,野心总是会胜出。令人不可思议的是,尽管流弊泛滥,这个庞大的民族依靠古老的法规,照常选举官员、通过法律、审判案件、处理公私事务,而且进行得轻松顺利,和元老院亲自操办不相上下。

第五章

论护民官制

当国家的各个组成部分之间无法建立起应有的比例关系时,或者当各部分之间的关系因不可抗拒的原因不断发生变化时,就要创立一个特殊的行政机构。这个机构独立于其他部分,但可以使各个部分恢复正确的比例关系。它可以或在君主与人民之间,或在君主与主权体之间,或者必要时同时在两种关系中,成为纽带或者说是比例中项。

这个机构,我称之为"护民官"职务,它是法律和立法权的维护者。它有时保护主权体而反对政府,就像罗马的护民官那样;有时支持政府而对抗人民,就像现在威尼斯的十人委员会那样;有时维持双方的平衡,就像斯巴达的督察官那样。

护民官职务不是城邦的组成部分,不享有立法权和行政权。正是这一点使得护民官的权力十分强大,因为,虽然它什么都不能做，但它却可以阻止所有的事务。作为法律的捍卫者，它比执行法律的君主和制定法律的主权体更神圣、更受尊敬。这一点在罗马可以看得很清楚，傲慢的贵族对人民不屑一顾，但却不得不在既没有后台又没有司法权的平凡的护民官面前低下头来。

适度得当的护民官制度，是良好体制最强大的支持。但是，如果它的力量稍有过度，它就会颠覆一切。另外，护民官在本质上绝不是软弱的，只要它有了权力，就会发挥最大的作用。

护民官是行政权力的调节者和法律的捍卫者。如果它篡夺行政权力并试图制定法律，那它就会堕落为暴政。斯巴达的督察官拥有巨大的权力，但只要道德风尚良好，这就不足为患，而一旦道德开始败坏，督察官权力的腐化就会加速。阿基斯〔1〕被这些残暴的专制者杀害，他的后人最终为他讨回了血债。督察官们所犯的罪行和所受到的惩罚，加速了共和国的灭亡。在克莱奥梅涅斯〔2〕之后，斯巴达就不值一提了。罗马

〔1〕阿基斯，指阿基斯四世（公元前262—前241），古斯巴达国王。即位后，为缓和社会矛盾，推行了一系列改革，后被以绞刑处死。——译注

〔2〕克莱奥梅涅斯，即克莱奥梅涅斯三世（公元前260—前219），斯巴达国王，阿基斯四世改革的继承者，在公元前222年被马其顿人打败，客死埃及。——译注

的灭亡与此如出一辙。护民官篡夺了越来越多的权力，最终，借助为保障自由而制定的法律，这些权力成了摧毁自由的皇帝的保护伞。至于威尼斯的十人委员会，简直就是一个血腥的法庭，贵族和人民都对此不寒而栗。它不仅没有坚决地维护法律，反而在法律已经腐化的情况下，背地里做那些见不得人的勾当。

护民官制度和政府一样，随着其成员的增加而变得脆弱。罗马人民的护民官最初只有两人，后来增加到五人。当他们还想将人数翻倍时，元老院也听之任之，预见到他们会互相制衡，而后来的情况果不出所料。

要防止如此强大的机构篡夺权力，最好的方法（至今还不曾有哪个政府采用过这种方法）是不让它成为永久性的，而是设置间歇期间，在此期间让它暂时中止。间歇期间不能太长，以免给滥用职权提供时机。法律可以规定，必要时特别委员有权缩短间歇时间。

在我看来，这种方法没有任何不妥之处。因为，如我之前所说，护民官不是国家体制的一部分，所以暂时中止它不会对体制造成任何损害。这种方法也是行之有效的，因为机构恢复后新上任的官员并不能接管其前任的权力，而只能行使法律赋予的权力。

第六章

论独裁制

法律是僵硬的,因而无法灵活应变,这在某些情况下是有害的,在危机关头还会导致国家灭亡。法定程序和种种拖沓会耗费时间,而有时局势又是刻不容缓的。有无数立法者始料不及的情况可能会出现,所以,要认识到自己无法预知一切,这是非常必要的先见之明。

因此,政治制度过于僵硬,一味地强行推行法律,这是错误的。就连斯巴达也允许其法律失去效力。

但是,只有遇到重大危险时,才值得冒险去改变公共秩序。除非国家的生存受到威胁,否则法律的神圣力量决不应该被削弱。在罕见的危机关头,可以通过特殊的程序将公共安全委托给最称职的人。根据危险的性质,这种委任可以通过两种方式进行。

如果只需调动政府的能动性就足以应对危险，那么就可以把政府的权力集中在一两个成员的手中。在这种情况下，改变的不是法律的权威，而只是执行法律的形式。但是，如果危险太大，法律本身成了维护法律的障碍，那就要任命一位最高首领，由他来搁置所有的法律并暂时中止主权权威。在这种情况下，公共意愿是显而易见的，人民最大的愿望是国家不要灭亡。此时，暂时中止立法权绝不是废除立法权，让立法权沉默的官员也不能行使立法权。他可以控制立法权，但不能代表它。他唯一不能做的事情就是制定法律。

罗马元老院使用的是第一种方法，通过神圣的仪式把保卫共和国的重任交给执政官。任命两位执政官中的一位为独裁官时①，就是采用了第二种方法，阿尔巴〔1〕就是这样做的，后来又为罗马所效仿。

罗马共和国在建国初期，经常采用独裁统治，因为那时国家的根基不够坚实，无法仅靠体制的力量来维持自身。当时的道德状况良好，所以不需要那些在其他时期必须的预防措施，也不必担心独裁者会滥用权力或在任期结束后不肯放手。

① 这种任命是在晚上秘密进行的，好像把一个人置于法律之上是可耻的事情。——原注

〔1〕 阿尔巴，罗马古城，公元前665年被罗马摧毁，其居民迁入罗马。——译注

相反,拥有权力的人把权力看作负担,巴不得尽快摆脱,好像占据着法律的位置十分麻烦并非常危险似的。

早期的罗马实行这种最高行政官制度并不明智,其中的危险不是权力被滥用,而是权力被贬低。由于这种制度在选举、奉祀和各种纯形式性的活动中被随意使用,所以在必要关头它就不那么令人敬畏。而且,独裁官的头衔只用于无意义的仪式,这使得人们认为它是只一个无用的虚名。

到了共和国末期,罗马人变得慎重起来,在使用独裁制时谨小慎微,这和之前他们滥用这种制度一样毫无道理。不难看出,他们的担忧是没有根据的。当时罗马首都的力量薄弱,在面对城内的行政官员时,这反倒是一种安全保障。独裁官在某些情况下会捍卫公众的自由,而且永远不能侵犯它。罗马的枷锁是在其军队中而不是在其本身铸成的。马略对苏拉[1]、庞培[2]对凯撒[3]几乎没有进行什么抵抗,这清楚地表明了,用内部的权威去抵抗外来的武力时会

---

〔1〕 苏拉(公元前138—前78),罗马著名将军、奴隶主贵族和政治家,罗马第一个终身独裁官,军事独裁的开创者。——译注

〔2〕 庞培(公元前106—前48),古罗马末期军事家、政治家。——译注

〔3〕 凯撒,指尤利乌斯·凯撒(公元前100—前44),史称凯撒大帝,罗马杰出的军事统帅、政治家。——译注

是什么结果。

这种谬误使罗马人犯下了大错。例如,在卡提里那[1]谋反事件中没有任命独裁官。这一事件只涉及罗马城,最多关联到意大利的一些地区,所以凭借法律赋予的无限权力,独裁官本可以轻易地平定这次叛乱。但实际上,那次阴谋得以平息靠的却是各种幸运的机缘,而谨慎的人类不应当指望这种巧合。

然而,元老院把所有的权力都交给了执政官。结果,西塞罗为了更有效地行动,不得不在一个重要问题上逾越了自己的权限。[2] 起初,人民欣喜若狂,纷纷支持他的行动。但后来,人民又要求他对违法的流血事件[3]承担责任,这也是合理的。而这件事如果发生在独裁官身上,人民就不能提出这种指责了。不过,这位执政官的雄辩赢得了胜利。他虽然是罗马人,但他爱自己的荣誉胜过爱自己的国家。他不去寻求拯救国家的最合法和最可靠的方法,而是想方设法地从这件

[1] 卡提里那(公元前 108—前 62),罗马贵族,曾发动政变,受到镇压后被杀死。——译注

[2] 在罗马,宣判某人犯罪必须要经过审理程序,但西塞罗未经审理就判处卡提里那谋反事件的同谋者死刑。——译注

[3] 指镇压卡提里那谋反的行动。——译注

事中获得荣誉①。所以,他被尊称为罗马的解放者,也被作为违法者受到惩罚,这对他来说都是公正的。无论对他的判决的撤销有多么光彩,毫无疑问那只是一种恩赦罢了。

无论以何种方式授予这一重任,最重要的是为之确定一个短暂的任期,而且这一任期不得延长。在需要独裁制的紧急关头,国家要么很快就灭亡了,要么很快就会被拯救。而危机过后,独裁制要么变成暴政,要么徒有虚名。在罗马,独裁官的任期只有六个月,大多数人在任期结束前就卸任了。如果任期规定得长一些的话,他们很可能还想延长,就像十人委员会延长了原本为一年的任期那样。当出现危机需要独裁官时,其任期能够应对危机就足矣,这样独裁官就没有多余的时间来做其他打算了。

---

① 在提名独裁官时,他心中没底。因为他既不敢提名自己,也不能确定他的同僚会提名他。——原注

第七章

论监察官制

正如公共意愿是通过法律来宣告的一样，公众的判断是由监察官来表达的。舆论就是一种法律，监察官负责执行这一法律。不过，就像君主所做的那样，监察官只是把这种法律应用于具体的情况而已。

监察官只能宣布舆论，而不能评判它。如果监察官脱离了舆论，其决定就是无效的。

把一个国家的道德风尚和其所推崇的对象加以区分，这是徒劳无益的，因为这两者都遵循同一原则，必然难解难分。对于所有的民族，决定其喜好的都是舆论，而不是天性。端正了人们的舆论，道德风尚自然就会得到净化。人们总是喜欢美好的东西，或是说是，喜欢自认为是美好的东西。然而，在判断何为美好时，他们可能会犯错误。因此，需要对这种判断加以引导。评判道德风尚就是评判什么是应当尊崇的，其评判的标准来自舆论。

舆论源自一国的体制。虽然法律不能对道德风尚作出规定，但立法能产生道德风尚。当立法衰退时，道德就会堕落。这时候，法律力所不及的事，监察官也做不到。

由此可见，监察官制或许能够维系道德风尚，但对树立道德风尚却无能为力。要在法律效力正强时设置监察官，因为一旦法律衰败了，就没什么希望了。当法律失去效力时，一切合法的事物都会失去力量。

监察官制度通过以下几种方式来维系道德风尚：防止舆论腐化，以明智之举来保障舆论的秉正，甚至有时在舆论还未形成时就将其确定下来。在法兰西王国，决斗中使用帮手的做法曾盛行一时，但这种做法仅仅因为国王诏书中寥寥几个字就被废除了："至于那些需要帮手的胆小鬼……"这一评判出现在舆论形成之前，很快就把舆论确定下来了。但是，如果同样的诏书宣布决斗本身也是一种懦弱的行为——尽管确实如此，但公众并不这么认为——那么，公众就会对此嗤之以鼻，因为公众关于此事已有定论。

我在别处说过①,舆论不受任何约束,因此在为代表舆论而设立的监察官制中,不应有任何限制舆论的痕迹。我们应该高度赞赏监察官制,罗马人精巧地运用了这一制度,斯巴达人将其运用得出神入化,但这一制度在我们现代人这里却失传了。

一个道德败坏的人在斯巴达的议会上提出了一个很好的建议,督察官们没有理会,而是让一个品行高尚的公民提出了相同的建议。虽然两个人都没有受到赞扬或指责,但这对前者来说是多么大的耻辱,而对后者来说又是多么大的荣誉啊!几个人萨莫斯[1]的酒鬼玷污了监察官的法庭,第二天就有公开的法令发布,允许萨莫斯人做粗鲁无礼的事②。这种有罪不罚,要比真正的惩罚更严厉。当斯巴达宣布了什么是正当的和不正当的时候,希腊人对此却不予置评。

---

① 我在本章中只是提请大家注意我在《给达朗贝先生的信》中详细讨论过的一个问题。——原注

〔1〕 萨莫斯,爱琴海上的一座希腊岛屿。——译注

② 他们来自另一个岛屿,但受语言所限,我在这里无法说出这个岛屿的名字。——原注

第八章

论公民的宗教信仰

在人类的最初阶段,没有国王,只有神;没有政府,只有神权。人们像卡里古拉一样思考,而在当时,这样思考是正确的。经历了思想和观念的漫长变化后,人们才下决心让自己的同类做主人,并希望这样做会有好处。

每个政治社会都信奉一位神,由此可见,多少个民族就有多少位神。两个彼此陌生甚至敌对的民族不可能长期拥戴同一位主人,两支交战的军队也不可能服从同一个指挥官。因此,民族的分立产生了多神论,进而又导致了神学上与政治上的不宽容,而这两种不宽容在本质上是相同的,这一点我们会在后文中谈到。

希腊人想要在野蛮民族中找到自己的神,之所以有这种想法,是因为他们把自己视作了这些野蛮民族的天然的主人。但是现如今,如果还那种把不同民族的神混为一谈,那就太荒唐了。就好像说,摩洛克〔1〕、萨图恩〔2〕和克洛诺斯〔3〕是同一位神,或者说,腓尼基的巴尔〔4〕、希腊的宙斯〔5〕和拉丁的朱庇特〔6〕是同一位神!认为诸神只是名称不同,而实际上却有很多共同之处,这种观点太可笑了!

有人会问,在异教时代,每个国家都有自己的宗教习俗和崇拜的神明,但却没有发生过宗教战争,这是为什么呢?我的回答是,这是因为每个国家都有各自的宗教信仰和各自的政府,因而各国也就不对神明和法律加以区分了。政治战争也是宗教战争。可以说,国家的边界确定了诸神的领域。一个民族的神无权染指其他民族。异教徒的神不会彼此嫉妒,他们在分享世界时划分了界限。摩西〔7〕和希伯来人在谈及以色列的神时,有时也会援引这种观点。当然,他们认为迦南人〔8〕的

---

〔1〕 摩洛克,古腓尼基人信奉的火神。——译注

〔2〕 萨图恩,古罗马人崇拜的天神。——译注

〔3〕 克洛诺斯,古希腊神话中的第二代众神之王。——译注

〔4〕 巴尔,古腓尼基的最高神。——译注

〔5〕 宙斯,希腊神话中最伟大的神。——译注

〔6〕 朱庇特,罗马神话里统领神域和凡间的众神之王。——译注

〔7〕 摩西,以色列的民族领袖,犹太教的创始人。——译注

〔8〕 迦南人,古代巴勒斯坦的居民,血缘上与犹太人和阿拉伯人相近。——译注

神是无用的，被流放的迦南人必然会灭亡，他们要占领迦南人的土地。可是，请看看，他们是如何谈论那些他们无法攻击的相邻民族的神的。耶弗他〔1〕对亚扪人〔2〕说："你们的神基抹〔3〕所拥有的一切，难道不是合法地属于你们所有吗？同样地，我们的上帝占领的土地当然就归我们所有。①"在我看来，这就是承认，基抹神的权利和以色列的上帝的权利是一样的。

然而，犹太人先是臣服于巴比伦国王，后来又臣服于叙利亚国王，却仍然坚决不承认除上帝之外的任何其他神。这种拒绝被视为对征服者的反叛，因而使犹太人遭到种种迫害。这些都载入了史书，而且在基督教之前是没有先例的②。

由此可见，每一种宗教都只依附于信奉它的国家的法律，所以，要使一个民族改变自己的信仰，唯一的办法就是奴役这

〔1〕 耶弗他，《圣经·旧约》中的人物，古代以色列的士师。——译注

〔2〕 亚扪人，居住在约旦河以东，是以色列人的亲族。——译注

〔3〕 基抹，《圣经》中的太阳神。——译注

① 拉丁文《圣经》的原文是："Nonne ea quae possidet Chamos deus tuus, tibi jure debentur?"卡里耶斯神父的译文是："你们难道不认为自己有权得到你们的基抹神拥有的东西吗？"我不知道希伯来原文的语气是怎样的，但我认为，根据拉丁文的《圣经》，耶弗他肯定了基抹神的权利，而法语译者却加入了"依据你们看"，这就削弱了这种肯定，而这几个字在拉丁文原文中是没有的。——原注

② 显然，福西斯战争虽然被称为"神圣战争"，但它并不是一场宗教战争，因为那场战争的目的是惩罚亵渎神灵的人，而不是降伏不信教的人。——原注

个民族,而除了征服者,没人能成为传教士。既然改变宗教信仰是被征服者必须履行的法律上的义务,那就应当先征服,之后才谈得上让人改变宗教信仰。因此,远不是人为神而战,而是如荷马所说,是神为人而战。每个民族都向自己的神祈求胜利,并修建祭坛来感谢神。罗马人在攻占一个地方之前,都会请求当地的神灵离开。而他们之所以允许塔伦图姆[1]人信奉其愤怒的诸神,其原因是他们认为,这些神已经向罗马人的神俯首称臣了。罗马人把自己的神明留给了被征服者,就像他们把法律留给了这些人一样。而罗马人索要的唯一贡品,通常只是向加比多尔[2]神殿的朱庇特敬献的王冠。

后来,罗马人在扩张帝国的同时,也传播了自己的信仰和神明,而且自己也常常接受被征服者的神明,并将城邦权利授予这些神明。于是,这个庞大帝国的人民逐渐拥有了众多的信仰和神明,而且各地差不多都是如此。最终,异教信仰成了已知世界中独一无二的信仰。

正是在这种情况下,耶稣来到世间,建立了一个精神王国。这使得神学从政治制度中分离出来,国家不再是一个整

〔1〕 塔伦图姆,今天意大利的塔兰托,位于意大利普利亚南部海岸,是一座希腊的城市,后来又成为罗马的城市。——译注

〔2〕 加比多尔,古罗马的一座山丘,朱庇特神殿建在这里。——译注

体，而且，这还导致了内部分裂，给基督教民族带来了无数的烦恼。然而，异教徒无法理解这种关于来世王国的新观念，他们始终认为基督徒是真正的反叛者。在异教徒看来，基督徒表面上臣服，在实力弱小时假装服从权威，实际上却一直在等待独立自主的机会，狡猾地想要篡夺权力。这就是基督徒遭受迫害的原因。

异教徒担心的事情终于发生了。一切都变了，谦逊的基督徒改变了说话的语调，很快，这个所谓的来世王国有了实实在在的首领，变成了世界上最暴力的专制政权。

然而，由于君主和世俗法律都一直并存，所以这两种权力之间总是会发生冲突，这就使得基督教国家无法得到良好的治理。人们始终不知道，应该服从首领还是牧师。

不过，有许多民族，甚至包括欧洲及邻近地区的民族，都曾想保留或恢复原来的体制，但都没有成功。基督教的精神在各地盛行。宗教信仰始终是或再次地独立于主权体，而且与国家也没有必然的联系。穆罕默德非常明智，他把宗教和政治制度很好地结合在了一起。只要接替他的哈里发[1]继

[1] 哈里发，伊斯兰教国家对“政教合一”的领袖的称呼，是国家政治和宗教的首脑。——译注

续保持这种政府形式，这个政府就是一元的，并且是非常好的政府。可是，阿拉伯人繁荣了、开化了、文明了，却也变得懒散和懦弱了，结果被野蛮人征服了。于是，两种权力又开始分裂。这种分裂，在伊斯兰教徒中尽管没有在基督徒中那么明显，但也确实存在，在阿里〔1〕教派中更是如此。还有一些国家，如波斯，这种分裂至今仍不断出现。

在我们这里，英国国王自封为教会的领袖，沙皇也是如此。但是，这个头衔使他们成为教会的臣子，而不是教会的主人。他们获得的只是维持教会的权利，而不是改变教会的权利。他们不是教会的立法者，而只是那里的君主。在教士组成团体的地方①，教士就是自己教区的主人和立法者。因此，在英国、俄罗斯以及其他地方，都存在两种权力和两个主权体。

在所有基督教作家中，只有哲学家霍布斯看出了其中的

---

〔1〕 阿里(660—661)，穆罕默德的女婿，第四代哈里发。——译注

① 应当指出，把教士结合在一起的，不是法国那种正式的集会，而是教会的圣餐。参加圣餐和逐出教会，就是教士的社会契约，这种契约使他们永远都是人民和国王的主人。所有参加圣餐的教士，即使来自地球的两极，也都是同胞。这一发明是政治上的杰作。在异教的教士那里没有这类做法，所以他们也就从未形成过教士团体。——原注

弊端并提出了补救的办法。他大胆地指出,应该把鹰的两个头[1]重新组合在一起,否则,无论国家还是政府都无法很好地组建起来。但他应该明白,基督教的主宰精神与他的学说体系是不相容的,教士的利益总是高于国家的利益。使霍布斯的政治理论遭人憎恨的,并不是其中错误和糟糕的部分,而是那些正确和真实的部分①。

我认为,从这个角度来分析历史,很容易就能驳斥贝尔[2]和沃伯顿二人对立的观点。贝尔认为,宗教对政治体毫无用处,而沃伯顿则相反,认为基督教是政治体最强有力的支撑。对于前者,我们可以证明,所有国家都是在宗教的基础上建立的。而对后者,我们要表明,从根本上说,基督教的法律只会削弱而不能加强国家的体制。为了说清楚这个问题,只需解释一下与此相关的几个含糊不清的宗教概念。

根据宗教与社会的关系,也就是根据这种关系是普遍的还是特殊的,可以把宗教分为两类,即人类的宗教和公民的宗

---

〔1〕 鹰是罗马政权的象征,"鹰的两个头"指"政权"和"教权"。——译注

① 此外,从格老秀斯写给兄弟的一封信(1643 年 4 月 11 日)中可以看出,对《公民论》一书,这位博学之士赞同什么,反对什么。的确,格老秀斯似乎很大度,他好像是因为赞同作者的错误观点而原谅了其正确的观点,但并非人人都如此宽容。——原注

〔2〕 贝尔(1647—1706),法国哲学家,著有《历史和批判的辞典》。——译注

教。在第一种宗教中,没有寺庙、祭坛,也没有敬拜仪式,只有对至高无上的上帝纯粹的内心崇拜和永恒的道德义务,这是纯洁朴素的福音书的宗教,是真正的有神论,可以称之为自然的神圣法则。第二种宗教建立于某个国家,为该国指出了神明和守护神;它有自己的教义、宗教礼仪和法定的敬拜仪式;这种宗教认为,除了信奉它的那个国家外,其他国家都是不圣的和野蛮的异族;它把人类的义务和权利局限在其神坛所及的范围内。早期各民族的宗教都属于这一类,我们可以称之为公民的或绝对的神灵法则。

还有很奇特的第三种宗教。它赋予人们两套法律、两个统治者和两个国家,让人们承担相互矛盾的义务,使人们无法同时既是信徒又是公民。喇嘛教和日本的宗教就是这样的,罗马的天主教也是如此。我们可以把这种宗教称为牧师的宗教,其中的法则是无法命名的、混合的、非社会的。

从政治的角度来看,这三种宗教都有缺陷。第三种宗教的缺点十分明显,就不必浪费时间去证明了。一切破坏社会统一的东西都没有价值,一切使人自相矛盾的制度也都是毫无价值的。

一方面,第二种宗教的优点在于,它把对神的崇拜与对法律的热爱结合在一起,把国家作为公民崇拜的对象,并以此教导公民,效忠国家就是效忠国家的守护神。这是一种神权政体。在这种政体中,除了君主外没有其他教主,除了行政官员外也没有其他牧师。所以,为国捐躯就是慷慨殉道,触犯法律就是亵渎神灵,而让罪犯受到公众的咒骂,也就是让他承受众神的震怒:让神诅咒他吧[1]。

另一方面,第二种宗教的缺点在于,它建立在谎言和错误之上,欺骗了人民,使人盲从和迷信,对神的真正崇拜被埋没在空洞的仪式中。而且,这种宗教会变得妄自尊大、专横暴虐,这使人民残忍无情,到处杀气腾腾,人们甚至还会把杀害异教徒看作神圣的行为。结果,这个民族处于对其他民族的天然的战争状态中,自身的安全受到严重威胁。

剩下要谈到的是人类的宗教,或者说是基督教。这里所说的不是现今的基督教,而是福音书的宗教,二者是完全不同的。有了这种神圣的、崇高的和真正的宗教,所有人都是上帝的儿女,彼此皆是兄弟姐妹,他们凝结而成的社会永远都不会解体。

但是,这种宗教与政治体没有特殊的关系,因此法律只能依靠其自身的力量,而无法获得新的力量。这样,维系特定社会的一个重要纽带就无法发挥作用了。更糟糕的是,这种宗

---

〔1〕 原文为拉丁文。——译注

教不仅不能使公民心系国家,反而会让他们脱离国家、远离尘世。据我所知,没有什么比这更违背社会精神的了。

有人说,可以想象出来的最完美的社会,是由真正的基督徒组成的社会。我认为,这种假说中存在一个很大的难题,那就是,由真正的基督徒组成的社会,就不再是人类的社会了。

我还要指出,这样一个完美的社会,既不是最强大的,也不是最持久的。完美会使它失去凝聚力,而导致它毁灭的,也正是它的完美。

在这样的社会中,每个人都会履行自己的义务。人民服从法律,统治者公正谦逊,行政官员正直廉洁,士兵蔑视死亡。这里既没有虚荣,也没有奢侈。目前看来,一切都很好。但让我们进一步看下去。

基督教是一种纯精神的宗教,它只关注天国里的事。基督徒的国家不在尘世间。基督徒的确在履行自己的义务,但尽义务时他们并不在意成败得失。只要问心无愧,尘世间的一切是好是坏对他们来说都无关紧要。如果国家繁荣,他们不敢分享公众的幸福,怕自己会因国家的兴盛而变得骄傲。如果国家没落了,他们也会向惩罚人民的上帝之手祈祷。

为了让社会保有安宁与和谐,所有的公民都必须是虔诚的基督徒。可是,如果不幸出现了一个野心家或伪君子,比如卡提里那或克伦威尔，那这个人就一定能把他那些虔诚的同胞们玩弄于股掌之上。基督教的仁爱不允许他们随便去想他人的坏处。一旦某个狡诈的人想出了欺骗他人、夺取了公共权力的办法，他就变成了正人君子，人们都尊重他，这是上帝的旨意。很快他掌控了大权，人们都服从他，这也是上帝的旨意。如果这个掌权的人滥用权力，那就是上帝在惩罚自己的儿女。如果要把篡位者赶下台，那就会扰乱公众的安宁，就要使用暴力，就会流血，而这些都与基督教的仁慈相悖。毕竟，在这个苦难的深谷里，一个人是自由人还是奴隶，又有什么要紧呢？最重要的是升上天堂，而听天由命只是上天堂的另一种方法罢了。

如果爆发了对外战争，公民会毫不迟疑地奔赴战场，谁也不会逃跑。他们尽职尽责，但对胜利却没有热情。他们关心的是如何赴死，而不是如何战胜敌人。对他们来说，战胜还是战败都无所谓。会发生什么事，难道上帝不比他们更清楚吗？想象一下，狂妄、鲁莽、冲动的敌人会从这种基督教的斯多葛主义〔1〕中得到多大的好处啊！让基督徒军队与那些对荣耀

〔1〕 斯多葛主义，又称斯多葛学派，是古希腊的四大哲学学派之一。该学派创建于公元前3世纪，持续到2世纪，时长500年之久，是古希腊流行时间最长的哲学学派之一。——译注

和祖国充满热爱的豪迈的民族作战,试想基督徒的共和国与斯巴达或罗马对抗,这些虔诚的基督徒恐怕来不及反应就被打得落花流水、一败涂地了。或许,他们能躲过一劫,那也是由于敌人不屑去打他们的缘故。在我看来,法比乌斯[1]的士兵们发下的誓言很好,他们不是发誓要战胜或战死,而是发誓要凯旋,而且他们也的确信守了自己的诺言。基督徒绝不会发这样的誓,他们认为这样发誓是在试探上帝。

可是,我在说“基督教的共和国”时犯了一个错误,因为这两个词是互不相容的。基督教只宣扬奴役和依附,它的精神对暴政太有利了,所以暴政总是能够从中获得好处。真正的基督徒就是当奴隶的材料,他们自己知道这一点,但却不在意。在他们看来,人短暂的一生是微不足道的。

有人说,基督徒的军队很优秀。我不赞同这种说法。请告诉我哪里有这样的军队。就我而言,我从未听说过什么基督徒的军队。有人会举出十字军的例子。我毫不怀疑十字军的英勇,但我要指出,十字军根本就不是基督徒,而是牧师的士兵,是教会的公民。十字军为自己的精神王国而战,但这个

[1] 法比乌斯(约公元前280—前203),又译作费边、菲比尔,古罗马政治家、军事家,曾担任过监察官、执政官、独裁官。——译注

精神王国不知怎么被教会变成世俗的国家了。明白了这一点之后，就又追溯到异教问题上了。福音书从未建立过属于某个国家的宗教，所以基督徒之间不可能发生什么“圣战”。

在异教皇帝〔1〕的统治下，基督徒士兵是勇敢的。基督教作家都这么说，我也相信这一点。不过，这些基督徒士兵只是在与异教徒军队争夺荣誉而已。一旦国王成为基督徒，这种竞争就不复存在了。在十字架把鹰旗赶走〔2〕后，罗马人的英勇也就消失了。

现在，让我们暂不考虑政治，回到权利的问题上来，在这一重要问题上确定我们的原则。我们说过，〔3〕社会契约所赋予的主权体对臣民的权利，绝不能超出公共利益的限度①。因此，臣民所要遵从的主权体的意见，也仅限于那些涉及社会重大利益的意见。然而，对国家非常重要的是，每个公民都应

〔1〕 异教皇帝，指罗马帝国的皇帝。君士坦丁大帝使基督教成为罗马帝国正式的宗教，在此之前的罗马皇帝都是异教徒。——译注

〔2〕 “十字架”象征着基督教，“鹰旗”是罗马的军旗。“十字架把鹰旗赶走”的意思是，基督教取代其他宗教成为罗马帝国的国教。——译注

〔3〕 参见本书第二卷第四章。——译注

① 阿冉松侯爵说：“在共和国中，每个人在不伤害他人的情况下都是完全自由的。”这个界限不可变更，其表述确切无比。尽管这篇手稿不为公众所知，但我还是喜欢援引它，并以此对这位卓越的人物表达敬意。他在担任大臣时始终怀有真正的公民之心，并对自己国家的政府持有理智和正确的见解。——原注

信仰宗教,这会使他们热爱自己的责任。不过,这种宗教的教条,只有在宣扬道德风尚和对他人的责任时,才会与国家及其成员有关。此外,每个人都可以有自己的观点,这与主权体无关。因为,主权体在另一个世界没有权威,只要臣民在此生是好公民,其来世命运如何,这就不关主权体的事了。

因此,应该有一个纯粹的公民信仰宣言,其条款由主权体规定,不过,这些条款不是宗教教义,而是一种社会情感,没有这种情感,一个人就不能成为一个好公民和忠实的臣民①。虽然不能强迫任何人信仰这些信条,但不信仰的人会被驱逐出去。驱逐这些人的理由不是因为他们不虔诚,而是因为他们是反社会的,他们不可能真正地热爱法律和正义,也不可能在必要时为尽义务而奉献生命。如果有人公开表示信仰这些条款,但其行为表现却如同不信仰一样,那他就要被处死,因为他犯了最严重的罪行——在法律面前撒谎。

公民宗教的条款应该短小、简单,表达准确而无须解释说明。正面的条款有:强大的、睿智的、仁慈的、先知先觉的、万

① 凯撒在为卡提里那辩护时,曾试图确立灵魂是必死的这一教条。卡托和西塞罗在反驳凯撒时,根本不屑于用哲学论证,而是直接指出,凯撒是个坏公民,他提出的理论对国家是有害的。事实上,卡提里那的问题应当由罗马元老院作出裁决,因为这不是一个神学问题。——原注

能的上帝；来世的生命；正义之人幸福；邪恶之人受到惩罚；社会契约和法律的神圣。负面的条款仅有一条，就是不宽容，这已经被我们从宗教信条中排除出去了。

我认为，将世俗的不宽容与宗教的不宽容区分开来是错误的，这二者是分不开的。我们不可能与那些被认为该下地狱的人和平相处，因为爱这些人就是憎恨惩罚他们的上帝。我们应该要么挽救他们，要么惩罚他们。只要认可宗教的不宽容，就会产生一定的世俗影响①。一旦产生了这种影响，即使在世俗领域，主权体也不再是主权体了。从那时起，教士就会成为真正的主人，而国王就只是他们的官吏而已。

现在已经不再有并且也不可能再有那种唯我独尊的民族

---

① 例如，婚姻就是一项公民契约，具有社会效力，没有这种效力，社会甚至都无法存在。假设教士把决定婚姻的权利把持在自己手中，而在不宽容的宗教中，教士必然会夺取这一权利，那么很显然，在建立教会权威时，这会摧毁君主的权威。这样一来，君主就只能拥有教士留给他的那些臣民。根据人们是否承认某种教义、是否接受某种仪式以及虔诚的程度，教会要以谨慎和坚定的态度，决定人们是否可以结婚。这就是说，教士支配着继承、职位、公民甚至国家，难道不是这样吗？如果一个国家里全都是私生子，这个国家还能存在下去吗？然而，有人会说，对于这种滥权，我们可以申诉，可以中止甚至取消教士的世俗权利。这是多么可悲的想法呀！教士只要稍有头脑，而不需要有什么勇气，就会对此不予理睬，照样一意孤行。他们会安然地让人们去申诉或去中止和取消权利，而最终他们仍然是主人。在我看来，当他们确信自己能掌控一切时，先放弃一小部分并不能算是什么巨大的牺牲。——原注

宗教，所以，只要一种宗教能够包容其他宗教，并且其教义中不包含违背公民义务的内容，这种宗教就应该得到包容。要是有人敢说“教会之外没有救赎”，那这个人就应该被驱逐出去，除非国家就是教会，君主就是教主。这样的教条只有在神权政府中才是好的，而在其他政府中，它都是致命的。亨利四世[1]接纳罗马教的理由，会让一切真正的人——尤其是善于思考的君主——都脱离罗马教。

----

〔1〕 亨利四世（1553—1610），法兰西王国波旁王朝的创建者。亨利四世原为纳瓦拉国王，在1589年亨利三世逝世后，亨利四世得以继位，但因其异端身份而未得到承认。在与天主教同盟斗争并改宗天主教后，1594年亨利四世正式加冕，开启了波旁王朝的统治。——译注

第九章

结　语

我已经提出了政治权利的真正原理,并力图为国家构建一个赖以生存的基础,接下来我本应该阐述如何通过对外关系来巩固国家。这其中包括国际法、通商、战争权和征服权、公法、结盟、谈判、缔约等。但是,这些内容属于另一个主题,对于我有限的能力来说,这个主题过于庞大。我还是把讨论的问题限定在力所能及的范围内吧。

图书在版编目（CIP）数据

社会契约论：畅享版 / (法) 卢梭著；高咏译. --
北京：法律出版社, 2023
ISBN 978-7-5197-8390-7

Ⅰ. ①社… Ⅱ. ①卢… ②高… Ⅲ. ①政治哲学－法
国－近代 Ⅳ. ①D095.654.1②B565.26

中国国家版本馆CIP数据核字（2023）第190329号

社会契约论（畅享版）
SHEHUI QIYUE LUN（CHANGXIANGBAN）

作　　者：［法］卢　梭
译　　者：高　咏
责任编辑：张心萌　杨悦芊
装帧设计：贾丹丹
出版发行：法律出版社
编辑统筹：学术·对外出版分社
责任校对：张翼羽
责任印制：陶　松
经　　销：新华书店
开　　本：880毫米×1230毫米　1/32
印　　张：7
字　　数：113千
版　　本：2023年11月第1版
印　　次：2023年11月第1次印刷
印　　刷：固安华明印业有限公司
书　　号：ISBN 978-7-5197-8390-7
定　　价：39.00元

销售电话：010-83938349　客服电话：010-83938350　咨询电话：010-63939796
地　　址：北京市丰台区莲花池西里7号(100073)
网　　址：www.lawpress.com.cn
投稿邮箱：info@lawpress.com.cn
举报盗版邮箱：jbwq@lawpress.com.cn
凡购买本社图书，如有印装错误，我社负责退换。电话：010-83938349